Irene Friedl-Gschiel

Feine Naturseifen

Die Basics und 40 einfache Rezepte für Seifen, Shampoos und Badekonfekt ohne Palmöl

ökobuch

Bibliografische Information der Deutschen Nationalbibliothek

Die Deutsche Nationalbibliothek verzeichnet diese Publikation in der Deutschen Nationalbibliografie; detaillierte bibliografische Angaben sind im Internet unter http://dnb.d-nb.de abrufbar.

Unsere Bücher werden nach höchsten Ansprüchen an Nachhaltigkeit und Ökologie produziert und wir optimieren ständig weiter:

- Papiere und Pappen sind FSC® oder PEFC™ zertifiziert
- Druckfarben auf Pflanzenölbasis
- Druckplattenbelichtung komplett chemiefrei
- Klebstoffe lösungsmittelfrei
- 100% Öko-Strom bei Druck und Bindung
- Müllvermeidung und Recycling bei der Produktion
- kurze Wege, gedruckt in Deutschland

ISBN 978-3-947021-11-6

4. Auflage 2022

Königstr. 43, 26180 Rastede
E-Mail: verlag@oekobuch.de
http://www.oekobuch.de

Alle Fotos: Irene Friedl-Gschiel

Druck: Grafisches Centrum Cuno, Calbe

FSC
www.fsc.org
MIX
Papier aus verantwortungsvollen Quellen
FSC® C043106

Inhaltsverzeichnis

Vorwort

Dieses Buch zu schreiben war für mich eine große Freude. Sehr lange schon, genau gesagt seit 14 Jahren, bin ich der Sucht des „Seifemachens“ verfallen. Vom anfänglichen Ausprobieren an, selbst nach wiederholten Rückschlägen und sehr, sehr vielen Stunden am Seifentopf ist es für mich noch immer die schönste und erfüllendste Tätigkeit, die ich mir vorstellen kann.

Das Wunderbare bei der Herstellung von Seife oder Badekosmetik ist die unendliche Vielfalt an möglichen Zutaten und Rezepten, die es auszuprobieren gilt.

Das Seifemachen wird nie langweilig, man ist nie fertig oder am Ende angekommen. Man kann seiner Kreativität freien Lauf lassen, der eigenen Haut – und der anderer Menschen – etwas Gutes tun und nebenbei ist das Herstellen des fein duftenden und nützlichen Produktes (zumindest für mich) entspannend.

So wie in den vergangenen 14 Jahren unsere Familie gewachsen ist, so habe ich in dieser Zeit immer wieder Rezepte ausprobiert, perfektioniert und jedes Mal etwas dazu gelernt.

Und so möchte ich mich an dieser Stelle bei meiner wunderbaren Familie bedanken: bei meiner Mutter und meinem leider schon verstorbenen Vater, für ihre Liebe zur Natur und die Freude am Selbermachen, die sie mir mitgegeben haben.

Auch danken möchte ich meinem Mann, der eine unendliche Geduld mit mir hatte, wenn ich wieder mal der Meinung war, „dass das ja eh nix wird“.

Danken möchte ich auch meinen Kindern Florentina, Benedikt und Emma. Sie sind mir jeden Tag eine Quelle der Freude und Inspiration und haben ebenfalls zum Entstehen dieses Buches beigetragen, indem sie mir die Zeit zum Schreiben gelassen haben.

1 Über Seife...

Seife, bzw. seifenähnliche Produkte gibt es schon seit Urzeiten. Erste Hinweise reichen bis in die Zeit der Sumerer zurück, doch erst die Römer stellten fest, dass Seife eine reinigende Wirkung besitzt.
In früheren Zeiten wurden hauptsächlich tierische Fette (Schwein, Rind,...) verwendet, da diese bei der Schlachtung der Tiere anfielen. Heute geht der Trend eindeutig zu Seifen aus pflanzlichen Bestandteilen, nicht nur, weil viele Menschen zunehmend tierische Produkte meiden.
Es gibt wunderbare, hochwertige Pflanzenöle – auch einheimische – die sich zur Herstellung von feinen Seifen eignen! Sie werden in diesem Buch aber keine Seifenrezepte finden, in denen Palmöl aufgeführt ist. Warum? Palmöl eignet sich zwar hervorragend zur Seifenherstellung und wird noch viel häufiger in der Lebensmittelindustrie eingesetzt, weshalb die Nachfrage nach Palmöl international ständig ansteigt. Deshalb werden in den Tropenländern allerdings riesige Flächen an wertvollem Regenwald abgeholzt, um Ölpalmen-Monokulturen anzubauen, mit allen schlimmen Folgeproblemen für die Natur.

Nun, was ist Seife?

Seife wird aus geschmolzenem pflanzlichem (z.B. Olivenöl, Kokosöl) oder tierischem Fett (Schmalz, Talg) unter Zugabe einer Lauge hergestellt. Durch die Laugenzugabe werden die Fette in einer chemischen Reaktion („Verseifung“) in Seife umgewandelt. Dabei verbinden sich die Fettsäuremoleküle mit den Laugenmolekülen. Das in den Ölen und Fetten enthaltene Glycerin bleibt in der Seife (weshalb handgemachte Seifen besonders hautpflegend sind). Für feste Seifen wird als Lauge gewöhnlich Natriumhydroxid verwendet, auch Natronlauge genannt (Seite 11). Die Konsistenz der Seifen, ihre Waschkraft und ihr Schäumungsvermögen wird bestimmt durch die Kombination verschiedener Fette und die Zugabe anderer Zutaten wie z.B. Kräuter und Blüten sowie Farb- und Duftstoffe.
Früher wurde Seife „gesiedet“, d.h. die Seifenmasse musste über Stunden gekocht werden. Heute wird Seife gewöhnlich im Kaltverseifungsverfahren hergestellt. Das bedeutet, die Öl- bzw. Fettmischung wird auf maximal 45°C erwärmt. Den exakt abgemessenen Ölen und Fetten wird eine ebenfalls exakt bestimmte Menge Natronlauge (Ätznatron, gelöst in Wasser) zugesetzt. Durch die niedrige Temperatur verseifen die Öle und Fette nicht vollständig, d.h. die Seifen sind „überfettet“. Mit der auf diese Weise hergestellten Seife bleiben die hautpflegenden Eigenschaften der Öle und Fette erhalten, d.h. es lässt sich eine pflegende Wirkung erzielen, da die Seife beim Waschen rückfettet.

Noch ein Wort zur Praxis

Wer vorhat, Seife in der Küche herzustellen, sollte zuallererst alles wegräumen, was nicht mit der Seifenproduktion zu tun hat. Vor allem natürlich Lebensmittel!!! Je mehr Platz zur Verfügung steht, desto besser. Sämtliche Flächen müssen gut abgedeckt werden, z.B. mit Zeitungspapier. Laugen- oder Seifenspritzer sind nicht gerade vorteilhaft für die Arbeitsfläche und es wäre doch ärgerlich, würde die Freude am neuen Hobby durch ein solches Missgeschick getrübt werden! Kinder und Haustiere sollten sich während des Seifemachens wegen der Dämpfe, die für kurze Zeit entstehen, nicht im Raum aufhalten.

Wer vorhat, öfters Seife herzustellen, hat im Idealfall dafür einen eigenen Raum zur Verfügung. Ob das ein schon bestehender Hobbyraum ist, oder nur eine Ecke im Keller, in der sich ein Arbeitsplatz mit einem Tisch und einem Regal einrichtet lässt – es ist auf jeden Fall einfacher und angenehmer, einen eigenen Platz für alle Utensilien und Geräte zu haben. Wichtig ist ein Fenster in der Nähe zur Belüftung, um die ätzenden Dämpfe abführen zu können, die beim Lösen des Ätznatrons entstehen.

1 Seifentopf
2 Laugengefäß
3 Becher für NaOH
4 Kochlöffel
5 Thermometer
6 Digitalwaage
7 Schutzbrille
8 Haushaltshandschuhe
9 Stabmixer
10 Küchenrolle
11 Decke bzw. Handtücher
12 Seifenformen
13 Küchenschürze (nicht im Bild)

2 Was benötige ich zur Seifenherstellung?

Ausstattung, Arbeitsgeräte, Formen

Nachfolgend stelle ich die wichtigsten Arbeitsgeräte und Hilfsmittel vor, die zur Herstellung von Seifen zuhause benötigt werden. Alle genannten und abgebildeten Gegenstände sollten ausschließlich für die Seifenherstellung und nicht auch noch zu anderen Zwecken verwendet werden!

1 Der Seifentopf

Er sollte entweder aus Edelstahl oder Emaille bestehen. Töpfe aus Aluminium, Kupfer oder ähnlichem sind nicht geeignet, da die Lauge mit diesen Topfmaterialien reagieren würde. Der Topf sollte bei der Herstellung größerer Mengen ein Fassungsvermögen von mindestens 10 Liter haben und recht hoch sein, um beim Mixen Spritzer zu vermeiden. Für kleinere Seifenmengen oder Testpartien sind auch Töpfe nützlich, die 2 bis 3 Liter fassen, die vorgesehene Füllmenge sollte aber mindestens 10 - 15 cm unterhalb des Topfrandes wegen der Spritzgefahr enden. Auf Flohmärkten sind passende Edelstahl- oder Emailletöpfe oft sehr preisgünstig erhältlich.

2 Das Laugengefäß

Das Laugengefäß sollte standfest und hitzebeständig sein. Geeignet sind Behälter aus Edelstahl oder wärmebeständigem Glas, am besten geeignet sind für diesen Zweck Messbecher aus Kunststoff mit einem Schnabelausgießer, da sich die Lauge so am saubersten in die Ölmischung gießen lässt. Mein Laugengefäß ist – wie auf dem Foto zu sehen – ein Gefäß aus hitzebeständigem Kunststoff mit einem Liter Füllmenge.

3 Becher für Natriumhydroxid (NaOH)

Auch hier empfiehlt sich wieder ein standfestes Kunststoffgefäß, das nicht zu dünnwandig ist. Ich verwende dazu einen kleineren Messbecher mit Schnabelausgießer. Aber auch ein leerer 500 g-Joghurtbecher ist geeignet. Auf jeden Fall muss dieses Gefäß beschriftet werden! Irgendein Warnhinweis wie z.B. „Vorsicht ätzend“ oder „NaOH-Lauge – ätzend“ sollte gut leserlich angebracht werden.

4 Kochlöffel

Benötigt werden zwei Kochlöffel aus Kunststoff: einen zum Rühren der Lauge und einen für die Öl- bzw. Fettmischung. Des Weiteren sind einige kleine Löffel für die Farben, Zusätze usw. sehr praktisch.

5 Thermometer

Ideal sind zwei lange Thermometer (z.B. aus dem Haushaltswarengeschäft), um die Temperatur von Lauge und Ölmischung zu kontrollieren.

6 Die Waage

...*muss* eine genaue Digitalwaage sein, um die Menge des Natriumhydroxids (NaOH) – und auch die aller anderen Zutaten grammgenau bestimmen zu können.

7 Die Schutzbrille

Vom Anrühren der Lauge an bis zum Einfüllen

der Seifenmasse soll eine Schutzbrille getragen werden. Schon ein kleiner Spritzer Lauge kann schlimme Verätzungen und Schäden an den Augen verursachen! Auch die frische Seifenmasse ist ätzend, gelangt davon etwas auf die Haut, muss sie sofort gründlich gereinigt werden.

8 Die Haushaltshandschuhe

... sind ebenfalls ein fixer Bestandteil der Seifenherstellung. Am besten geeignet sind stabile Handschuhe mit längerem, bis zum Ellenbogen reichenden Schaft, wie sie auch oft zum Putzen verwendet werden. Solche Handschuhe sind strapazierfähig und wiederverwendbar.

9 Der Stabmixer

... ist unverzichtbar zum Andicken der Seife. Der Andickungsprozess wird enorm beschleunigt und die Komponenten der Seife verbinden sich durch das Mixen besser.

10 Die Küchenrolle

... sollte jederzeit griffbereit zur Hand sein. Das Papier ist nützlich, um kleine Spritzer auf dem Tisch zu beseitigen, um den Stabmixer nach Gebrauch grob vorzureinigen oder zwischendurch Rührlöffel oder Sonstiges abzuwischen.

11 Die Decke bzw. Handtücher

Während der chemischen Reaktion der Öle und Fette mit der Natronlauge, Gelphase genannt, entsteht Wärme. Um die Gelphase (siehe Seite 22) zu fördern, werden eine alte Decke oder alte, nicht mehr benutzte Handtücher benötigt.

12 Die Formen

Hier sind der Phantasie – fast – keine Grenzen gesetzt. Die Auswahl reicht von speziellen Seifenformen aus dem Fachhandel, (Einzelformen in einer Vielzahl von Motiven, lange Kastenformen) über Silikonbackformen bis hin zu PVC - Abflussrohren aus dem Baumarkt (diese verwende ich für Seifenscheiben). Natürlich eignen sich auch recycelte Kunststoffbehälter (z. B. von Joghurt oder Frischkäse) und Verpackungen (z.B. von Keksen) aus Kunststoff oder auch gereinigte Tetrapacks. Bei beschichteten Behältern, oder wenn man auf Nummer sicher gehen will, sollte die Form mit stärkerer Folie ausgelegt werden, z.B. mit aufgeschnittenen Gefrierbeuteln (dabei die Beschriftung des Gefrierbeutels auf die Außenseite drehen, sonst hat die Seife nachher einen Aufdruck!). Auch mit Folie ausgelegte kleine Holz- oder stabile Pappschachteln können als Formen dienen.

13 Die Schürze (nicht abgebildet)

Last but not least: Um die Kleidung vor Öl-, Fett- oder Laugenspritzern zu schützen, ist eine Küchenschürze sehr praktisch. Auch hier gilt wieder: bitte *nur* für die Seifenherstellung verwenden!

Öle und Fette

Im folgenden habe ich die Pflanzenöle und pflanzlichen Fette aufgeführt, die ich persönlich zur Seifenherstellung verwende und die in den Rezepten in diesem Buch vorkommen. Ich habe mich bemüht, die wichtigsten aufzuführen, sie sind aber nur ein Teil all der wunderbaren Öle, die es gibt. Zu jedem Öl bzw. Fett wird kurz die Wirkung beschrieben, in welcher Menge es in der Seife verwendet werden sollte und die jeweilige Verseifungszahl (siehe Kasten S. 12), die benötigt wird, um die notwendige Menge an Natriumydroxid für ein Rezept zu errechnen.

Aprikosenkernöl *(Prunus armeniaca)*: für trockene, empfindliche Haut, bei frühzeitigen Alterungserscheinungen. Verwendung: maximal bis 15% der Gesamtfettmenge. Verseifungszahl: 0,1350

Avocadoöl *(Persea gratissima)*: grünes, unraffiniertes Avocadoöl für trockene, rissige Haut. Verwendung: bis 35% der Gesamtfettmenge. Verseifungszahl: 0,1335

Babassuöl *(Orbignya oleifera)*: bei trockener, spröder Haut, wirkt auch antimikrobiell, weshalb es auch für fettige Haut und Hautunreinheiten geeignet ist. Verwendung: als Schaumgeber bis zu 30% der Gesamtfettmenge und darüber. Verseifungszahl: 0,1750

Distelöl *(Carthamus tinctorius)*: für fette Haut und Mischhaut. Nicht sehr haltbar in der Seife, deshalb am besten zum Überfetten. Verwendung: bis 15% der Gesamtfettmenge. Verseifungszahl: 0,1355.

Hanföl *(Cannabis sativa)*: Bei Neurodermitis und Psoriasis, hautberuhigend. Verwendung: nicht über 15% der Gesamtfettmenge. Verseifungszahl: 0,1345.

Jojobaöl *(Simmondsia chinensis)*: ist eigentlich ein flüssiges Wachs, wirkt entzündungshemmend, zur Behandlung von Ekzemen. Verwendung: 1 - 8% der Gesamtfettmenge. Verseifungszahl: 0,0660

Kakaobutter *(Theobroma cacao)*: Schützt gereizte, spröde Haut. Ist sehr haltbar, macht die Seife hart. Verwendung: Überfetten (siehe Kasten S. 11) ab 4%, als Basisöl bis 25% der Gesamtfettmenge. Verseifungszahl: 0,1370

Kokosöl *(Cocos nucifera)*: sehr gutes Basisöl, macht die Seife hart und erzeugt schönen Schaum. Bei trockener Haut eher einen geringen Anteil an Kokosöl nehmen. Verwendung: als Basisöl bis zu 40% der Gesamtfettmenge. Verseifungszahl: 0,1830

Kürbiskernöl *(Cucurbita pepo)*: darf im Seifenbuch einer Steirerin natürlich nicht fehlen! Bei schuppiger und rissiger Haut, bei Hautalterung und Schwangerschaftsstreifen. Ergibt

Pflanzenöle: Links Jojobaöl,
Mitte: Avocadoöl grün, rechts: Mandelöl

leider keine grüne Seife, sondern eine braune, die mit der Zeit heller wird. Verwendung: als Basisöl bis 50% der Gesamtfettmenge oder zum Überfetten. Verseifungszahl: 0,1350

Mandelöl *(Prunus amydatus dulcis)*: wunderbar bei trockener, rissiger und gereizter Haut. Wirkt pflegend und schützend, besonders gut für die Baby- und Kleinkinderpflege. Verwendung: als Basisöl bis ca. 30% der Gesamtfettmenge oder zum Überfetten.
Verseifungszahl: 0,1365

Mangobutter *(Mangifera indica)*: schützt vor dem Austrocknen, nährt und pflegt trockene Problemhaut. Verwendung: zum Überfetten, bis ca. 20% der Fettmenge.
Verseifungszahl: 0,1339

Nachtkerzenöl *(Oenothera biennis)*: ein sehr wertvolles Öl für trockene, raue und schuppige Haut. Wirkt entzündungshemmend und lindert Juckreiz. Verwendung: zum Überfetten, da es die Seife sehr weich macht.
Verseifungszahl: 0,1345

Olivenöl *(Olea europapaea)*: eines der wichtigsten Öle in der Seifenherstellung. Es wirkt heilend und entzündungshemmend, eignet sich hervorragend für Kräuterauszüge und ist zusammen mit Kokosöl und Rizinusöl (Schaumförderung) ein herrliches Basisöl. Verwendung: bis 100% der Fettmenge.
Verseifungszahl: 0,1345

Rapsöl *(Brassica campestris)*: ist ein einheimisches Öl und bei mir in vielen Seifenrezepten vertreten. Es enthält die Vitamine A, K und E und ist sehr gut für trockene, schuppige Haut geeignet. In Kombination mit Kokosöl ergibt es eine helle, haltbare Seife. Verwendung: bis 40% der Gesamtfettmenge.
Verseifungszahl: 0,1354

Rizinusöl *(Ricinus communis)*: ist als Schaumgeber für Seifen unverzichtbar. Es wirkt entzündungshemmend und keimtötend und ist somit auch für unreine Haut geeignet. Verwendung: ab 5%, in Rasierseifen bis zu 35% der Fettmenge. Verseifungszahl: 0,1286

Sheabutter *(Butyrospermum parkii)*: ist das wertvolle Fett des Karité-Baumes. Sie enthält Vitamin E, Beta-Karotin und Allantoin (wundheilend, bei Hautirritationen) und wird bei trockener Haut, zur Narbenbehandlung und in der Babypflege verwendet. Die erste Wahl zur Seifenherstellung sollte natürlich die unraffinierte Sheabutter sein, die im Gegensatz zur geruchlosen, raffinierten Sheabutter eine cremebeige Farbe hat und angenehm nach Schokolade riecht. Verwendung: zum Überfetten oder bis zu 35% der Gesamtfettmenge.
Verseifungszahl: 0,1282

Sonnenblumenöl *(Helianthus annuus)*: ist ebenso wie Rapsöl ein einheimisches Öl, allein schon deshalb sollte es in Seifenrezepte eingebaut werden. Es enthält die Vitamine A, C, D und E und schützt die Haut. Sonnenblumenöl immer mit anderen Basisölen (Kokos-, Palm- oder Olivenöl) kombinieren, da ein Zuviel davon die Seife weich macht. Verwendung: bis ca. 20% der Gesamtfettmenge.
Verseifungszahl: 0,1350

Traubenkernöl *(Vitis vinifera)*: ist ein gutes Überfettungsöl für unreine und fette Haut. Enthält die Vitamine E und K sowie Lecithin. Verwendung: zum Überfetten, sonst nicht über 12% der Gesamtfettmenge.
Verseifungszahl: 0,1285

Weizenkeimöl *(Triticum sativum)*: ein wunderbares Öl bei reifer und strapazierter Haut sowie zur Narbenpflege und Vorbeugung gegen Schwangerschaftsstreifen. Enthält die Vitamine B und E sowie Flavonoide. Verwendung: zum Überfetten. Verseifungszahl: 0,1310

Bienenwachs *(Cera alba)*: als einzige tierische Basiszutat habe ich hier noch das Bienenwachs aufgeführt. Ich verwende es gelegentlich in kleinen Mengen in Seifenrezepten zu denen es gut passt. (z.B. Honig & Hafer Seife, S. 49) Verseifungszahl: 0,0690

Achtung! Wenn ein Seifenrezept Bienenwachs oder andere zuckerhaltige Zutaten enthält, heizt sich der Seifenleim stärker auf als sonst. Zu viel Hitze kann der Qualität der Seife und der Pflegewirkung der verwendeten Öle aber schaden. Deshalb sollten Seifen mit Bienenwachs oder Honig nach dem Einfüllen nicht in Decken oder Handtücher gepackt werden.

Das Überfetten

Eine handgerührte Seife, die zur Hautpflege dient, sollte immer überfettet werden. Ohne Überfettung, d.h., wenn nur die gewünschte Öl-/Fettmenge mit dem erforderlichen Anteil an NaOH gemischt wird, wäre sie, wie oben erwähnt, zu scharf für die Hautpflege. Die Überfettung ist der Fettüberschuss in der Seife, d.h. der Anteil, der nicht verseift. Je nach Verwendungszweck wird prozentual mehr oder weniger stark überfettet. Hoch überfettete Seifen sind allerdings nicht so lange haltbar (können aber eingefroren werden). Meine im Buch aufgeführten Seifen sind zwischen 6 und 12% (z.B. die Salzseifen) überfettet.

Natriumhydroxid (NaOH)

Ist ein wichtiger Grundstoff zur Seifenherstellung, auch Ätznatron genannt. Durch Auflösen des Natriumhydroxids (NaOH) in Flüssigkeit entsteht die Natronlaugenlösung. Wird die Lauge mit erwärmtem Öl/Fett vermischt, entsteht durch einen chemischen Prozess Seife. Beim Verseifungsprozess werden die Fettmoleküle der Öle aufgespalten, die Fettsäureteile verbinden sich mit den Laugenmolekülen und bilden ein „Salz“ aus Säure und Base: zusammen mit dem Fettsäurerest entsteht ein Seifenmolekül. Bei den selbsthergestellten Seifen bleibt das Glycerin, natürlicher Bestandteil der Öle und Fette, in der Seife zurück und macht diese pflegender und sanfter als es eine industriell hergestellte Seife je sein könnte. Bei den industriell hergestellten Seifen wird das Glycerin entzogen und anderweitig verwendet.
NaOH ist in Form von Körnern oder Plättchen in der Apotheke, im Fachhandel bzw. Internet (s. Seite 93) meist in Form von Körnchen oder Plättchen erhältlich. Es ist weiß und geruchlos. Übliche Verkaufsmengen sind 1 kg. Da NaOH Luftfeuchtigkeit anzieht, sollte der Behälter nach Gebrauch sofort wieder luftdicht verschlossen werden.

NaOH wirkt ätzend bei Kontakt mit der Haut, mit den Augen und Schleimhäuten! Es muss immer trocken und für Kinder und Haustiere unerreichbar aufbewahrt werden! Nur mit Schutzbrille, Handschuhen und Arbeitskleidung verarbeiten! Beim Herstellen der Lauge stets für eine ausreichende Belüftung sorgen! Fertige Lauge nie unbeaufsichtigt stehen lassen!

Wie berechne ich die erforderliche Menge Natriumhydroxid (NaOH)?

Jedes Öl/Fett braucht eine grammgenaue Menge an NaOH, um die gesamte Menge an Fettsäure zu verseifen, wobei jedes Öl/Fett eine andere Verseifungszahl hat. Um ein eigenes Seifenrezept zu erstellen oder ein Öl in einem Rezept durch ein anderes zu ersetzen, muss die Menge des erforderlichen Natriumhydroxids für jede Ölmischung neu berechnet werden.
Dafür gibt es eine einfache Formel:
Die gewünschte Menge des Öls wird mit der Verseifungszahl dieses Öles multipliziert, das ergibt dann die Menge NaOH die nötig ist, um das Öl komplett zu verseifen. Solch eine Seife wäre aber zu scharf für die Haut, deshalb wird die NaOH-Menge verringert. Und zwar um so viel Prozent, wie die Seife am Schluss überfettet sein soll.

Beispiel 1:
Eine Seife aus 500 g Olivenöl soll mit 7% überfettet werden.

500 g x 0,1345 = 67,25 g NaOH
67,25 g x 7/100 = 4,7 g Abzug f. Überfett.
NaOH-Menge = 67,25 g – 4,70 g = **62,55 g**

Hier ergibt sich also für eine Ölmenge von 500 g Olivenöl bei 7% Überfettung eine NaOH-Menge von 62 g (immer abrunden).

Berechnen wir auch noch gleich die dazugehörige **Flüssigkeitsmenge:**

Grundsätzlich wird die Öl- bzw. Fettmenge einfach durch Drei geteilt (Standardwert).

500 g : 3 = 166,67 g
gerundet also 166 g Flüssigkeit

Ausnahmen sind Seifen mit einem großen Anteil an festen Fetten, oder einer größeren Menge an getrocknetem Material. (Blüten, Hafermehl ...) Hier sollte die Flüssigkeitsmenge noch um 10 - 15% erhöht werden. Auch im Internet sind Verseifungstabellen zu finden, sollten Sie ein Öl benutzen wollen, das hier nicht aufgeführt ist.

Werden mehrere Öle/Fette in der Seife verwendet, werden die Mengen der jeweiligen Öle mit ihrer Verseifungszahl multipliziert und inklusive zweier Nachkommastellen addiert.

Beispiel 2:
Eine Seife (Einfache Universalseife S. 25) aus 470 g Olivenöl und 330 g Kokosöl, soll mit 7% überfettet werden:
470 g Olivenöl x 0,1345 = 63,22 g NaOH
330 g Kokosöl x 0,1830 = 60,39 g NaOH
Gesamt: **123,61 g** NaOH

Für die Verseifung der gesamten Ölmenge sind also 123 g NaOH (abgerundet) notwendig. Dies würde aber eine zu scharfe Seife ergeben, weshalb sie mit 7% überfettet sein soll.

Abzug f. Überfett.: 0,07 x 123,6 g = 8,65 g
NaOH-Menge = 123,61 – 8,65 = **115 g**

Es wird also nur 93% NaOH benötigt, entsprechend 115 g NaOH (abgerundet).

Die dazugehörige Flüssigkeitsmenge:
Gesamte Fettmenge 800 g : 3 = 266 g (abgerundet)

Die Flüssigkeiten

Wasser: Um eine bestmögliche Verseifung zustande zu bringen, sollte entweder destilliertes Wasser aus dem Handel oder filtriertes Regenwasser verwendet werden. Mineralwasser oder Leitungswasser eignen sich nicht dafür, die darin enthaltenen Stoffe (Mineralien) behindern den Verseifungsprozess.

Kräutertee/Tee: Auch Tee immer mit destilliertem Wasser herstellen und komplett abkühlen lassen bzw. kalt stellen.

Milch: Sollte vor der Verarbeitung in kleineren Formen (Eiswürfelformen) tiefgekühlt werden. Die Laugenplättchen nur portionsweise und sehr vorsichtig auf die gefrorene Milch geben. Das Auflösen des NaOH-Granulates dauert hier länger als in Wasser und es entsteht ein Ammoniakgeruch, der sich während der Reifezeit der Seife verflüchtigt. Um ganz sicher zu gehen, gießt man die Milch-Lauge durch ein Kunststoffsieb, um zu vermeiden, dass NaOH-Teilchen in der Seife zurückbleiben.

Wein, Sekt, Bier: Auch alkoholische Getränke können zur Seifenherstellung verwendet werden (siehe Riesling – Traubenkern Seife, Seite 47). Diese vor der Verwendung ein paar Minuten köcheln lassen, damit sich der Alkohol verflüchtigt. Danach kalt stellen. ACHTUNG! Lauge aus Alkohol wird sehr heiß, schäumt mitunter heftig und vergrößert zeitweise sein Volumen! Also hier besser ein größeres Laugengefäß benutzen und das NaOH nur in kleinen Portionen zugeben, damit die Schaumbildung zwischendurch wieder etwas nachlassen kann.

Kaffee, pürierte Gurke, Gemüsesäfte: Sind nur einige Flüssigkeiten, die ebenfalls verwendet werden können. Je nach persönlichem Geschmack lassen sich damit die phantasievollsten Seifen kreieren.

Ätherische Öle

Die im Folgenden beschriebenen ätherischen Öle sind nur ein Auszug der vielen, vielen duftenden Kostbarkeiten, die es gibt. Ich habe die wichtigsten aufgeführt bzw. diejenigen, die ich verwende. Erwähnt werden soll, dass manche ätherische Öle bei empfindlichen Menschen allergische Reaktionen hervorrufen können, dann ist es natürlich besser, auf Duftstoffe in den Seifen zu verzichten.

Basilikum *(Ocmium basilicum)*: hat einen süßlich-krautigen Duft, hebt die Stimmung und ist allgemein belebend und stärkend. Es wirkt antibakteriell (gut bei unreiner Haut), aber auch krampflösend und menstruationsfördernd. Vorsicht in der Schwangerschaft!
Harmoniert mit: Geranie, Lavendel, Bergamotte und Muskatellersalbei.

Bergamotte *(Citrus aurantium var. Bergamia)*: riecht frisch, blumig, warm und lebhaft. Gegen Angst, Depressionen, Schlaflosigkeit und Stress. Hilfreich bei Akne und Ekzemen, antibakteriell und desodorierend.
Harmoniert mit: Lavendel, Neroli, Rose, Rosmarin, Wacholder Zitrone.

Citronella *(Cymbopogon nardus)*: Der Duft den – fast jeder – mit der bekannten Hirsch- oder auch Schichtseife in Zusammenhang bringt. Citronellaöl wirkt erfrischend, aktivierend und löst seelische Verkrampfungen. Auch empfehlenswert bei fettiger Haut und Akne.
Harmoniert mit: Geranie, Orange, Rosmarin.

Eucalyptus *(Eucalyptus citriodora)*: wirkt anregend, konzentrationsfördernd, sowie antiseptisch und desodorierend.
Harmoniert mit: Lavendel, Lemongras, Melisse, Minze, Zitrone.

Geranium *(Pelargonium graveolens)*: Duftet süß, blumig und frisch. Entspannt, hilft bei Depressionen, bei Unzufriedenheit, Angstzuständen und Niedergeschlagenheit. Wirkt entzündungshemmend und antibakteriell.
Harmoniert mit: allen Zitrusölen, Lavendel, Melisse und Muskatellersalbei.

Lavendel *(Lavendula angustifolia)*: Blumig – kräuterartiger, klarer Duft. Wirkt beruhigend, stärkend, stressabbauend, stimmungsaufhellend, aber auch entzündungshemmend, entschlackend und desodorierend.
Harmoniert mit: Bergamotte, Geranie, Neroli, Orange, Pfefferminze und Zitrone.

Limette *(Citrus aurantifolia)*: Spritzig, herb-süß, grün. Macht fröhlich, leicht und frei. Senkt Angstgefühle, erfrischt. Bei fettiger Haut, desodorierend und antiseptisch.
Harmoniert mit: allen Zitrusdüften.

Muskatellersalbei *(Salvia sclarea)*: Einer meiner Lieblingsdüfte! Würzig – herb und doch süß. Bei Angstzuständen, bringt die Lebensfreude zurück. Genauso gegen Stress und geistige Blockaden. Sehr gute Wirkung bei Akne, entzündeter Haut und starker Schweißproduktion.
Harmoniert mit: allen Blütendüften, Bergamotte, Geranie, Lavendel, Orange und Zitrone.

Neroli, Orangenblüte *(Citrus aurantium L. ssp. amara)*: blumig, süß, frisch. Bei Schlaflosigkeit, gegen Angstzustände und depressive Verstimmungen. Desodorierend, regenerierend, bei Akne.
Harmoniert mit: allen Zitrusdüften, Lavendel, Rose, Geranie.

Orange *(Citrus sinensis)*: Warm, süß, fruchtig. Harmonisierend, angstlösend, bei Nervosität und Schlafstörungen, stimmungsaufhellend. Bei Akne und Cellulitis, adstringierend und antiseptisch.
Harmoniert mit: Neroli, Thymian, Sandelholz

Palmarosa *(Cymbopogon martinii)*: Mild – würziger Duft. Stimuliert bei Müdigkeit, wirkt aber auch entspannend und harmonisierend. Bei empfindlicher Haut, entzündungshemmend und antibakteriell.
Harmoniert mit: Rosmarin, Bergamotte, Geranie und Limette.

Pfefferminze *(Mentha piperita)*: Duftet erfrischend und klar. Konzentrationsfördernd, stimulierend, bei Akne, zur Insektenabwehr, wundheilend und antiseptisch.
Harmoniert mit: Rosmarin, Teebaum, Zitrone und Lavendel.

Rosmarin *(Rosmarinus officinalis)*: Belebend, intensiv krautig, aromatisch. Weckt den Lebenswillen, konzentrationsfördernd, bei Schwächezuständen. Entzündungshemmend, bei fetter und unreiner Haut, durchblutungsfördernd.
Harmoniert mit: Basilikum, Zitrone, Bergamotte, Muskatellersalbei und Pfefferminze.
Vorsicht in der Schwangerschaft!

Salbei *(Salvia officinalis)*: Würzig, krautig, frisch. Schenkt Vertrauen in die eigene Kraft, wirkt harmonisierend. Stark antibiotisch, desodorierend und schweißhemmend.
Harmoniert mit: Lavendel, Rosmarin, Zitrusdüfte. Vorsicht in der Schwangerschaft!

Teebaum *(Melaleuca alternifolia)*: Würzig, krautig, frisch. Stabilisierend, gegen Ängste, bei Hektik, bringt Körper und Geist in Schwung. Gegen Pickel und Akne, keimtötend, bei Wunden.
Harmoniert mit: Zitrusdüften, Lavendel, Rose und Pfefferminze.

Vanille *(Vanilla planifolia)*: Balsamisch süß und warm. Besänftigend und beruhigend, schenkt Trost, gegen depressive Verstimmungen. Wirkt antiseptisch.
Harmoniert mit: Bergamotte, Limette, Orange.

Wacholder *(Juniperus limon)*: Würzig, balsamisch, fein. Gibt Zuversicht und Stärke, hilft, sich von alten Mustern und negativen Gedanken zu lösen. Gut bei Akne, Cellulitis, wundheilend.
Harmoniert mit: Lemongras, Orange, Rosmarin, Basilikum, Zitrone. Vorsicht in der Schwangerschaft!

Zitrone *(Citrus limon)*: Frisch, spritzig, fruchtig. Bei Depressionen, Konzentrationsstörungen, stimmungsaufhellend, stressabbauend. Wirkt kühlend, bei fetter Haut entzündungshemmend und antibakteriell.
Harmoniert mit: Bergamotte, Lavendel, Palmarosa und Pfefferminze.

Duftöle

... werden synthetisch hergestellt und sind in manchen Fällen wie z.B. bei Rosendurft die einzige bezahlbare Alternative. Wichtig ist, nur solche Duftöle zu verwenden, die ausdrücklich für die Seifenherstellung geeignet sind.

Hier möchte ich wieder auf den Fachhandel (Seite 93) verweisen, denn nur dort hat man die Sicherheit, das geeignete Produkt zu finden. Auch wird auf Besonderheiten eines Duftöles hingewiesen, z.B. ob es das Andicken der Seife beschleunigt oder diese verfärbt.

Farben

Um Seife zu färben, gibt es eine Vielzahl an Möglichkeiten. Es bieten sich in erster Linie *natürliche Farbstoffe* wie z.B. Tonerde an, die in verschiedenen Farben erhältlich ist. Pulver aus Spinat, Spirulina-Algen oder Petersilie ergeben verschiedene Grüntöne, Anattosamen (als Ölauszug) ein Orange und Alkannawurzel, (auch in Öl gelöst) beispielsweise ein Violett, um nur einige Farbstoffe aus der Natur zu nennen, die zur Seifenherstellung geeignet sind. Es lohnt sich, auch mit Gewürzen wie Paprikapulver, Kakao oder Zimt zu experimentieren. Natürliche Farbstoffe sind zwar leider nicht lichtecht und verblassen mit der Zeit, doch wenn die Seife verwendet wird – und davon gehen wir hier doch aus – dürfte das kein Problem sein.
Trauen Sie sich einfach und experimentieren Sie mit verschiedenen Kräutern und Pflanzen!
Außerdem gibt es *spezielle Kosmetikfarben* für die Seifenherstellung. Diese werden – je nach Art – in Wasser oder Öl gelöst (Packungsaufschrift beachten!) und sind lichtstabil.
Eine kleine Menge genügt für eine schöne, intensive Färbung. Am besten sehr vorsichtig beginnen, vielleicht mit Hilfe einer Tropf-Pipette. Pigmente immer sehr sorgfältig auflösen, sonst können kleine Farbpunkte oder Klümpchen in der fertigen Seife zurückbleiben. (Bezugsquellen Seite 93).

Heilerden: Mit Heilerden können in Seifen nicht nur schöne farbliche Effekte erzielt werden, sondern sie haben auch, je nach Sorte,

1 Heilerde
2 Blaue Tonerde
3 Gelbe Tonerde
4 Weiße Tonerde, Kaolin
5 Grüne Tonerde
6 Rosa Tonerde
7 verschiedene Farbpigmente

1

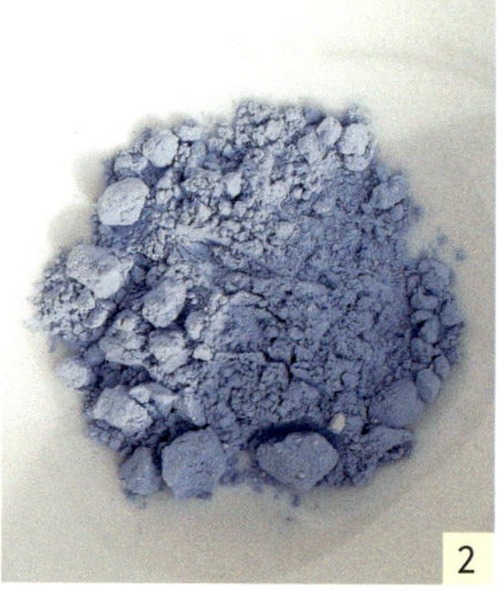
2

3

4

5

6

7

eine unterschiedliche Wirkung auf unsere Haut.
Grüne Tonerde ist reich an Kieselsäure, für alle Hauttypen geeignet.
Rosa Tonerde wirkt entgiftend und ist für alle Hauttypen geeignet
Gelbe Tonerde wirkt klärend bei Akne und unreiner Haut.
Weiße Tonerde (Kaolin) ist gut für empfindliche, reife Haut und sorgt in Rasierseifen für eine bessere Gleitfähigkeit der Klinge.

Naturfarben, im Uhrzeigersinn:
Kurkuma, Kakao, Paprikapulver, Zimt und Petersilie

Sonstige Zusätze

Die Auswahl an Kräutern und Blüten, die für die Seifenherstellung verwendet werden können, ist schier unendlich. Ob die Kräuter getrocknet oder frisch in die Seife gegeben werden, ist Geschmackssache. Getrocknete Pflanzenteile müssen vor der Verwendung gut zerkleinert bzw. gemahlen werden. Die Stiele oder andere harte Teile sollten vorher entfernt werden – Ihre Haut wird es Ihnen danken! Genauso lassen sich frische Kräuter und Blüten verwenden: Falls mit einem Öl überfettet werden soll, können die zerkleinerten Blätter

1

2

3

4

5

6

7

1 Aloe Vera
2 Brennnessel
3 Frauenmantel
4 Johanniskraut
5 Lavendel
6 Minze
7 Rosa variegata

8 Rose
9 Salbei
10 Thymian
11 Zitronenmelisse

und Blüten einige Zeit vorher in dieses Öl eingeweicht und beides zusammen zur Seifenmasse gegeben werden. Eine weitere Möglichkeit besteht darin, die Pflanzenteile mit dem Öl zu pürieren, was je nach Pflanze nicht nur eine schöne grüne Färbung gibt, sondern auch die Gewissheit, dass keine großen oder groben Pflanzenteile in der Seife vorhanden sind.
Und dann gibt es noch den Ölauszug!
Dazu werden vorgetrocknete Kräuter bzw. Blüten in ein großes Einmachglas gegeben und mit (Oliven-)öl übergossen. Wichtig ist, dass alle Pflanzenteile gut mit Öl bedeckt sind. Das Glas wird verschlossen und an einen hellen Platz gestellt. Wird das Glas ab und zu geschüttelt, können sich die die Wirkstoffe aus den Pflanzenteilen besser lösen. Nach 3 bis 6 Wochen werden die Pflanzenteile abgefiltert (z.B. durch einen Kaffeefilter) und der Ölauszug ist gebrauchsfertig!
Außer Kräutern und anderen Pflanzen gibt es noch viele Zutaten für die selbstgemachte Seife. Peelende Zusätze sind z.B. Haferflocken (gemahlen), Kaffeepulver, gemahlene Mandeln, Mohnsamen, Salz ...
Es gibt im Handel auch verschiedene Granulate, mit denen sich tolle Peelingseifen herstellen lassen, wie z.B. Olivensteingranulat, Mandelkerngranulat oder kleine Jojobaperlen. Letzte haben zudem auch eine pflegende Wirkung.

12 Ölauszug mit Rosmarin und Thymian
13 Ölauszug mit Johanniskraut: Phasen der Herstellung: gepflückte Blüten, Einlegen in Öl, Blüten in Öl und unten Johanniskraut mit Blüten.

3 Einfaches Basisrezept
Schritt-für-Schritt-Anleitung

Ist der Arbeitsplatz vorbereitet und sind alle benötigten Arbeitsgeräte und Zutaten bereitgestellt, kann es losgehen.

Foto 1: Abwiegen der kalten Flüssigkeit (in diesem Fall destilliertes Wasser).
Spätestens jetzt bitte Schürze und Handschuhe anziehen und Schutzbrille aufsetzen.

Foto 2+3: Das Ätznatron (Natriumhydroxid) vorsichtig und sorgfältig in dem dafür vorgesehenen Becher abwiegen und danach langsam und unter Rühren in das mit dem abgewogenen Wasser gefüllten wärmebeständigen Laugengefäß einrieseln lassen (niemals umgekehrt!).

Achtung! Die Lauge wird bis 100°C heiß und bildet ätzende Dämpfe. Deshalb schon vor dem Anrühren ein Fenster öffnen. Wer sich zusätzlich schützen möchte, besorgt sich noch einen Mundschutz aus dem Baumarkt. Doch auch der Mundschutz verhindert nicht ein Einatmen der ätzenden Dämpfe, wenn man dem Laugengefäß zu nahekommt!

Die Flüssigkeit im Laugengefäß nun so lange rühren, bis das Wasser wieder klar ist und keine Reste des Ätznatrons mehr erkennbar sind. Danach die Lauge kinder- und haustiersicher abstellen und abkühlen lassen. Ich verwende dazu eine größere, nicht mehr benötigte Glasschüssel, fülle sie mit etwas kaltem Wasser und stelle das Gefäß mit der Lauge standfest hinein. Das Thermometer in das Gefäß stellen und die Lauge auf ca. 35 - 45°C abkühlen lassen.

Foto 4 + 5 + 6: Alle benötigten Öle und Fette griffbereit auf Ihren Arbeitsplatz stellen.

1

2

3

4

5

6

Zuerst die festen Fette, in diesem Fall das Kokosöl, wiegen und dieses bei niedriger Temperatur im Seifentopf schmelzen, zwischendurch umrühren und den Topf dann von der Herdplatte nehmen. Danach die flüssigen Öle – hier das Olivenöl – zum bereits geschmolzenen Kokosöl gießen, dadurch wird auch das Abkühlen beschleunigt.
Spätestens jetzt sollte die Form bzw. sollten die Formen, in die der Seifenleim gegossen wird, bereit stehen. Auch alle anderen Zutaten wie Kräuter, ätherische Öle, Peelingzusätze oder Farben sollten griffbereit sein, wenn die Seife angedickt ist.

Foto 7: Wenn Sie sich vergewissert haben, dass die Ätznatron Kristalle alle in der Flüssigkeit aufgelöst sind und die Lauge sowie die Öl-Fett-Mischung eine Temperatur von 35 - 45°C haben, kann es weitergehen.

Foto 8 + 9: Gießen Sie nun die Lauge vorsichtig zur flüssigen Öl-Fett-Mischung und rühren Sie dabei mit dem Kochlöffel um.

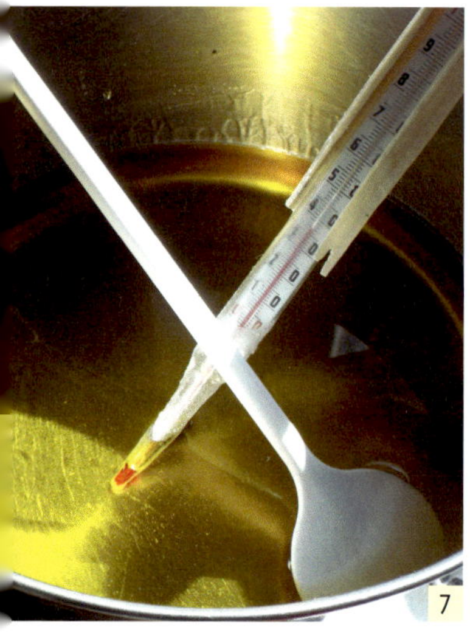

7

8

9

Arbeiten Sie abwechselnd mit Kochlöffel und Stabmixer, aber lassen Sie diesen nie zu lange laufen (Überhitzungsgefahr!). Ziehen Sie den Stabmixer nie in die Höhe, solange er eingeschaltet ist, sonst spritzt die Seifenmasse in alle Richtungen! Prüfen Sie zwischendurch immer wieder die Konsistenz der Seifenmasse, indem Sie etwas davon vom Rührlöffel zurück in den Topf tropfen lassen.

Foto 10: Versinkt die abtropfende Masse nicht mehr sofort, sondern bleibt an der Oberfläche sichtbar („die Seife zeichnet"), ist es fast geschafft!
Nun können noch, je nach Seifenrezept, Zusätze hinzugefügt werden, wie z.B. Kräuter, ätherische Öle oder Farben.

Foto 11+12: Danach die Seifenmasse gründlich umrühren und in die Form füllen. Diese mit Frischhaltefolie abdecken und – falls eine Gelphase (siehe S. 22) gewünscht ist mit einer alten Decke oder einem Handtuch wärmedämmen und an einen kinder- und haustiersicheren Ort stellen.
Zum Schluss noch den Arbeitsplatz säubern, alle Gerätschaften zuerst mit Küchenpapier abwischen und danach mit Spülmittel und heißem Wasser abwaschen. Erst jetzt werden die Gummihandschuhe ausgezogen!

Die Seife bleibt – je nach Zusammensetzung – mindestens 24 Stunden in der Form (in Einzelformen eventuell etwas länger), danach wird sie herausgenommen und geschnitten. Wenn die Seife auf Druck der Finger noch etwas nachgibt, ist ein guter Zeitpunkt, um sie aus der Form zu entnehmen.
Die Seifenstücke dürfen nun für 4 - 6 Wochen an einem luftigen Ort ohne starke Sonneneinstrahlung „reifen". Diese Zeit ist notwendig, damit der Verseifungsprozess vollständig abgeschlossen wird.

Die Gelphase

Die Gelphase zeigt die chemische Reaktion an, bei der sich die Seifenmasse in der Form von der Mitte ausgehend allmählich auf bis zu 70°C erwärmen kann. Das Abdecken der Form mit einer Decke oder einem Handtuch verzögert danach die Abkühlung. Nach etwa 24 Stunden ist der größte Teil der Verseifungsreaktion beendet.

Was ist der Vorteil einer Gelphase?

Eine Seife ohne Gelphase bleibt länger weich, da der Verseifungsprozess mehr Zeit in Anspruch nimmt. Somit dauert auch die Reifezeit 1 - 2 Wochen länger. Seife in Einzelförmchen kommt schwerer oder auch gar nicht in die Gelphase und benötigt dadurch etwas länger, bis sie benutzt werden kann.

Wann ist es besser, auf die Gelphase zu verzichten?

Vermieden werden sollte die Gelphase so gut wie möglich, wenn Zutaten wie Honig, Schokolade oder bestimmte Duftöle verwendet werden, die eine erhitzende Wirkung haben. Solche Seifen werden *nicht* wärmedämmend verpackt, sondern am besten kühl gestellt. Ein kühler Keller oder ein Raum mit Fliesenboden tun hier gute Dienste. Im Winter können die Seifen auch einfach ins Freie gestellt werden, am besten natürlich unter Dach.

4 Seifenrezepte

Auf den folgenden Seiten habe ich eine kleine, aber feine Auswahl an Seifen zusammengestellt, die alle in meinem Seifentopf entstanden sind. Ich habe sie in verschiedene Themenbereiche eingeteilt, um einen leichteren Überblick zu ermöglichen und vielleicht schneller fündig zu werden, falls etwas Bestimmtes gesucht wird.

Die Rezepte sind nach bestem Wissen und Gewissen von mir entwickelt und die Zutaten dabei je nach vorgesehenem Einsatzbereich und gewünschtem Bedarf aufeinander abgestimmt worden. Alle Rezepte, bzw. die Seifen, die daraus entstanden sind, wurden in den letzten zwölf Jahren von unzähligen „Testern" geprüft.

Auch wenn man sich – das weiß ich aus Erfahrung – gerade am Anfang gerne sicherheitshalber genau an vorgegebene Rezepte und Zutaten hält, möchte ich doch dazu ermutigen, sich eigene Zusammenstellungen zuzutrauen. Seien Sie kreativ! Sie werden merken, dass Sie mit zunehmender Erfahrung sicherer werden.

Sie werden Erfolg haben, wenn Sie immer

- die Verseifungszahlen der Öle und Fette einhalten.
- die Rezepte genau und präzise ausrechnen und
- alle Zutaten grammgenau auswiegen und abmessen.

Ansonsten: Probieren Sie alles Mögliche aus!

Einfache Universalseife

Eine einfache Seife (7% überfettet) mit sehr gutem Schaum, ideal zum Ausprobieren und Experimentieren mit verschiedenen Zutaten. Die Rezeptur ergibt ca. 1000 g Seife (Frischgewicht).

Zutaten
470 g Olivenöl
330 g Kokosöl
118 g Natriumhydroxid (NaOH)
267 g destilliertes Wasser

1. Aus Wasser und NaOH unter Beachtung der Sicherheitsregeln die Lauge herstellen und auf 35 - 45°C abkühlen lassen.
2. Kokosöl bei kleiner Hitze im Topf schmelzen, dann vom Herd nehmen.
3. Das Olivenöl dazu gießen und die Öle auf 35 - 45°C abkühlen lassen.
4. Sobald die Lauge und die Öl-Fett-Mischung die angegebene Temperatur erreicht haben, die Lauge vorsichtig zum Öl gießen und zunächst mit dem Kochlöffel umrühren.
5. Dann die Mischung mit Stabmixer und Kochlöffel zum Andicken bringen. Die richtige Konsistenz ist erreicht, wenn Stabmixer und Kochlöffel eine Spur an der Oberfläche der Seifenmasse hinterlassen.
6. Falls gewünscht, jetzt z.B. Kräuter, ätherische Öle oder Farbe dazugeben und diese gut untermischen.
7. Nun die Seifenmasse in die gewünschte Form füllen, mit Frischhaltefolie abdecken und gut wärmedämmend (Handtuch/Decke) einpacken.
8. Die Seife nach etwa 24 Stunden, bzw. wenn sie auf Druck mit dem Finger etwas nachgibt, aus der Form nehmen und – wenn nötig – mit einem Messer mit breiter Klinge in Stücke schneiden.
9. Die Seifenstücke mindestens 6 Wochen an einem trockenen, luftigen Ort reifen lassen.

Kräuterseifen

Seifen, die Kräuter enthalten, schaffen für mich eine Verbindung zur Natur. Ich finde es einfach herrlich, ein selbst hergestelltes Stück Seife zu benutzen, in dem ich meine Lieblingskräuter oder -Blüten als Zusatz wiederfinde.
Es gibt verschiedene Möglichkeiten, die Kräuter aus dem eigenen Garten oder Kräutertopf zur Seife zuzugeben: frisch bzw. getrocknet zum Seifenleim, in Form von Tee aus Blättern und Blüten oder als Ölauszug derselben. Kräuter verleihen der Seife pflanzliche Kraft und sind mit Sicherheit eine Wohltat für Körper und Seele!

Ringelblumenseife

Eine milde Seife (7% überfettet) ohne Duft für empfindliche Haut.

Die Rezeptur ergibt ca. 1800 g Seife (Frischgewicht).

Zutaten

550 g Olivenöl (oder ein Ringelblumenblüten–Olivenöl-Auszug)
450 g Kokosöl
200 g Rapsöl
100 g Sonnenblumenöl
50 g Kakaobutter
450 g Ringelblumentee, kalt
189 g NaOH
3 EL getrocknete Ringelblumenblütenblätter

1. Aus dem kalten Ringelblumentee und dem NaOH unter Beachtung der Sicherheitsregeln die Lauge herstellen, auf 35 - 45°C abkühlen lassen.
2. Kokosöl und Kakaobutter bei kleiner Hitze schmelzen, dann den Topf vom Herd nehmen.
3. Olivenöl, Rapsöl und Sonnenblumenöl dazugeben, umrühren und auf 35 - 45°C abkühlen lassen.
4. Sobald die Lauge und die Öl-Fett-Mischung die angegebene Temperatur haben, die Lauge vorsichtig zum Öl gießen und zunächst mit dem Kochlöffel umrühren.
5. Dann die Mischung mit Stabmixer und Kochlöffel zum Andicken bringen.
6. Die getrockneten Ringelblumenblütenblätter sorgfältig unterrühren und die Masse in die gewünschte Form füllen.
7. Die Form mit Frischhaltefolie abdecken und gut wärmedämmend (Handtuch/Decke) einpacken.
8. Die Seife nach ca. 24 Stunden aus der Form nehmen und – wenn nötig – mit einem Messer mit breiter Klinge in Stücke schneiden.
9. Die Seifenstücke mindestens 6 Wochen an einem trockenen, luftigen Ort reifen lassen.

Mit der gleichen Rezeptur kann auch eine wunderbare Kamillenseife hergestellt werden, wenn der Ringelblumentee durch Kamillentee ersetzt und getrocknete Kamillenblüten in die angedickte Seifenmasse gerührt werden.

Alchemillaseife

Eine wunderbare Kräuterseife (7% überfettet) mit gutem Schaum und sanftem Peelingeffekt. Die Rezeptur ergibt ca. 1200 g Seife (Frischgewicht).

Zutaten

290 g Olivenöl	*118 g NaOH*
290 g Kokosöl	*ca. 1 Esslöffel Avocadoöl, grün*
180 g Rapsöl	*ca. 2 Esslöffel Frauenmantelkraut*
50 g Kakaobutter	*10 g ätherisches Palmarosaöl*
30 g Rizinusöl	*10 g ätherisches Lavendelöl*
293 g Frauenmanteltee, kalt	*5 g ätherisches Patchouliöl*

1. Das Frauenmantelkraut am Vortag oder zumindest einige Stunden vorher sehr fein zerkleinern, mit dem Avocado-Öl vermischen und mit dem Stabmixer zu einem Kräuterbrei verarbeiten.
2. Aus dem kalten Frauenmanteltee und dem NaOH unter Beachtung der Sicherheitsregeln die Lauge herstellen, auf 35 - 45°C abkühlen lassen.
3. Kokosöl und Kakaobutter bei kleiner Hitze schmelzen, dann den Topf vom Herd nehmen.
4. Olivenöl, Rapsöl und Rizinusöl dazugeben, umrühren und auf 35 - 45°C abkühlen lassen.
5. Sobald die Lauge und die Öl-Fett-Mischung die angegebene Temperatur haben, die Lauge vorsichtig zum Öl gießen und zunächst mit dem Kochlöffel umrühren.
6. Dann die Mischung mit Stabmixer und Kochlöffel zum Andicken bringen.
7. Nun den vorbereiteten Kräuterbrei gut unterrühren und die ätherischen Öle beifügen.
8. Die Masse nochmals gut durchrühren und in die Form füllen.
9. Die Form mit Frischhaltefolie abdecken und gut wärmedämmend (Handtuch/Decke) einpacken.
10. Die Seife nach ca. 24 Stunden herausnehmen und – wenn nötig – mit einem Messer mit breiter Klinge in Stücke schneiden.
11. Die Seifenstücke mindestens 6 Wochen an einem trockenen, luftigen Ort reifen lassen.

Duftseife „Versuchung“

Eine cremige, formstabile Seife (7% überfettet) mit betörendem Duft.
Die Rezeptur ergibt ca. 1500 g Seife (Frischgewicht).

Zutaten

560 g Kokosöl
310 g Olivenöl
105 g Rapsöl
75 g Sonnenblumenöl
25 g Bienenwachs
25 g Traubenkernöl
366 g destilliertes Wasser
161 g NaOH
ca. 2 EL getrocknetes Basilikum, zerkleinert
1 Messerspitze Kosmetikfarbe pink
10 g ätherisches Basilikumöl
15 g Seifenduftöl „Rose“

1. Aus dem Wasser und dem NaOH unter Beachtung der Sicherheitsregeln die Lauge herstellen und auf 35 - 45°C abkühlen lassen.
2. Kokosöl und Bienenwachs bei kleiner Hitze schmelzen, dann den Topf vom Herd nehmen.
3. Olivenöl, Rapsöl, Sonnenblumenöl und Traubenkernöl dazugeben, umrühren und auf 35 - 45°C abkühlen lassen.
4. Sobald die Lauge und die Öl-Fett-Mischung die angegebene Temperatur haben, die Lauge vorsichtig zum Öl gießen und zunächst mit dem Kochlöffel umrühren.
5. Dann die Mischung mit Stabmixer und Kochlöffel zum Andicken bringen.
6. Nun einen Teil der Masse abnehmen und in einen separaten Becher füllen. Wie viel bleibt dem persönlichen Geschmack überlassen. Ich habe mich, wie auf dem Bild links zu sehen ist, für einen schmalen Streifen in der Mitte entschieden. Für mehr „Kräuterfeeling“ einfach etwas mehr Basilikum-Masse nehmen.
7. Das Basilikum und das ätherische Basilikumöl in den separierten Seifenleim rühren.
8. In den anderen Teil des Seifenleims die Kosmetikfarbe und das Rosen-Duftöl einrühren. Je nach Art der Farbe wird die Kosmetikfarbe in etwas Wasser oder Öl gelöst, entsprechend den Anweisungen auf der Verpackung.
9. Nun etwa die Hälfte der Rosenöl-Kosmetikfarben-Masse in die vorbereitete Form füllen, dann mit einem Löffel die Basilikum-Mischung darauf verteilen und darüber den restlichen gefärbten Rosenöl-Seifenleim geben.
10. Die Seife mit Frischhaltefolie abdecken und nur leicht oder gar nicht wärmedämmend (Handtuch/Decke) einpacken (siehe Beschreibung Bienenwachs, Seite 11).
11. Nach ca. 24 Stunden die Seife aus der Form nehmen und – wenn nötig – mit einem Messer mit breiter Klinge in Stücke schneiden.
12. Die Seifenstücke mindestens 6 Wochen an einem trockenen, luftigen Ort reifen lassen.

Hexen-Kräuterseife

Eine sehr kräftig-krautig duftende „magische" Seife (7% überfettet) mit Peelingeffekt.
Die Rezeptur ergibt ca. 1000 g Seife (Frischgewicht).
Diese Seife habe ich vor Jahren für ein Walpurgisnacht-Fest entwickelt. Schon bald war sie so beliebt, dass ich sie nun auch während des Jahres immer wieder herstelle. Bei den Zutaten habe ich mich an verschiedenen Büchern orientiert, die sich mit Zauberkräutern und mystischen Pflanzen beschäftigen. Die Kräuter in dieser Seife habe ich nach ihrer mystischen Wirkung ausgesucht, so z.B. „Glückspflanzen" (Frauenmantel), „Liebeszauberpflanzen" (Liebstöckel, Ringelblume) und „schützende, zauberabwehrende Pflanzen" (Johanniskraut, Gundelrebe, Quendel). Die Wacholderasche gibt der Seife eine dunkelgraue, magisch anmutende Farbe und reinigt die Haut porentief. Eine Mischung ätherischer Öle mit herb-krautigem Duft rundet das Ganze ab.

Zutaten

325 g Olivenöl
227 g Kokosöl
130 g Sonnenblumenöl
84 g Distelöl
23 g Kakaobutter
23 g Weizenkeimöl
23 g Rizinusöl
114 g NaOH
278 g Kräutertee nach Belieben, z.B. aus Pfefferminze oder bunt gemischt. Ich mische Frauenmantel, Johanniskraut und Gundelrebe, da ich diese Kräuter auch in die Seife gebe.

Je 1 TL Frauenmantelblätter, Ringelblumenblüten, Liebstöckelkraut, Johanniskrautblüten, Gundelrebe und Quendel (wilder Thymian) frisch oder/und getrocknet und fein zerkleinert.
1 EL Wacholderasche
10 g ätherisches Muskatellersalbeiöl
10 g ätherisches Wacholderbeeröl
5 g ätherisches Thymianöl
5 g ätherisches Geraniumöl

1. Aus dem kalten Kräutertee und dem NaOH unter Beachtung der Sicherheitsregeln die Lauge herstellen, auf 35 - 45°Cabkühlen lassen.
2. Kokosöl und Kakaobutter bei kleiner Hitze schmelzen, Topf vom Herd nehmen.
3. Olivenöl, Sonnenblumenöl, Distelöl, Weizenkeimöl und Rizinusöl dazugeben und die Öl-Fett-Mischung auf 35 - 45°C abkühlen lassen.
4. Sobald die Lauge und die Öl-Fett-Mischung die angegebene Temperatur haben, die Lauge vorsichtig zum Öl gießen und dabei zunächst mit dem Kochlöffel umrühren.
5. Dann die Mischung mit Stabmixer und Kochlöffel zum Andicken bringen.
6. Nun nacheinander die Kräuter, die Wacholderasche und die ätherischen Öle zugeben, nochmals gut umrühren und den Seifenleim in die vorbereitete Form füllen.
7. Die Form mit Frischhaltefolie abdecken und gut wärmedämmend (Handtuch/Decke) einpacken.
8. Nach ca. 24 Stunden die Seife aus der Form nehmen und – wenn nötig – mit einem Messer mit breiter Klinge in Stücke schneiden.
9. Die Seifenstücke mindestens 6 Wochen an einem trockenen, luftigen Ort reifen lassen.

Rosentraum-Seife

Eine rosige, schmeichelnde Seife (7% überfettet) mit schönem Schaum, besonders pflegend durch Hagebutten-Kernöl. Die Rezeptur ergibt ca. 1200 g Seife (Frischgewicht).

Zutaten

484 g Olivenöl

396 g Kokosöl

129 g NaOH

293 g destilliertes Wasser

2 EL Rosenblüten getrocknet und zerkleinert

ca. 6 g Duftöl Rose

1 Messerspitze Kosmetikpigment pink

Als Extra Pflege-plus: 1 TL Hagebutten Kernöl zur zusätzlichen Überfettung

1. Aus dem Wasser und dem NaOH unter Beachtung der Sicherheitsregeln die Lauge herstellen, abkühlen lassen.
2. Kokosöl bei kleiner Hitze im Topf schmelzen, denTopf vom Herd nehmen.
3. Das Olivenöl dazu gießen und auf 35 - 40°C abkühlen lassen.
4. Sobald die Lauge und die Öl-Fett-Mischung die angegebene Temperatur haben, die Lauge vorsichtig zum Öl gießen und zunächst mit dem Kochlöffel umrühren.
5. Dann die Mischung mit Stabmixer und Kochlöffel zum Andicken bringen.
6. In den angedickten Seifenleim das Duftöl gut einrühren.
7. Nun einen Teil (oder die Hälfte – je nach Wunsch) der Masse in einen zweiten Becher oder eine Schüssel füllen. Diesen Teil des Seifenleims mit dem Farbpigment und den zerkleinerten Rosenblütenblättern verrühren.
8. Jetzt eine Hälfte der Seifenmasse in die vorbereitete Form füllen und die zweite darauf. Ob beide Seifenleime aufeinander geschichtet oder mit einem Messer oder Löffelstiel miteinander etwas verquirlt und marmoriert werden, bleibt dem eigenen Geschmack überlassen.
9. Die Seife mit Frischhaltefolie abdecken, gut wärmedämmend (Handtuch/Decke) einpacken, nach ca. 24 Stunden herausnehmen und mit einem Messer mit breiter Klinge in Stücke schneiden.
10. Die Seifenstücke mindestens 4 Wochen an einem trockenen, luftigen Ort reifen lassen.

Beim Schneiden solcher schichtweise gegossenen Seifen mit Kräutereinlage ist es empfehlenswert, die kräuter- bzw. blütenfreie Seite oben zu haben, da sonst durch die Schnittbewegung Kräuterteilchen mit in den einfarbigen Teil gezogen werden. Und das sieht alles andere als schön aus!

Lavendeltraum-Seife

Eine klassische Seife (7% überfettet) in schöner Optik mit reichlich cremigem entspannendem Schaum. Die Rezeptur ergibt ca. 1200 g Seife (Frischgewicht).

Zutaten

484 g Olivenöl
396 g Kokosöl
129 g NaOH
293 g destilliertes Wasser
2 EL Lavendelblüten getrocknet
7 g ätherisches Lavendelöl
2 Messerspitzen Kosmetikpgment, lila oder violett
Als extra Pflege-plus 10 g Sheabutter zur zusätzlichen Überfettung

1. Aus dem Wasser und NaOH unter Beachtung der Sicherheitsregeln die Lauge herstellen, abkühlen lassen.
2. Kokosöl bei kleiner Hitze im Topf schmelzen.
3. Das Olivenöl dazu gießen und auf 35 - 40°C abkühlen lassen.
4. Sobald die Lauge und die Öl-Fett-Mischung die angegebene Temperatur haben, die Lauge vorsichtig zum Öl gießen und zunächst mit dem Kochlöffel umrühren.
5. Zwischendurch die Sheabutter bei kleiner Hitze in einem hitzebeständigen Becher im Wasserbad schmelzen, vom Herd nehmen und etwas abkühlen lassen.
6. Nun die Lauge-Öl-Mischung mit Kochlöffel und Stabmixer zum Andicken bringen.
7. Das ätherische Lavendelöl und die geschmolzene Sheabutter unterrühren und die Masse auf zwei Gefäße aufteilen. In den einen Teil des Seifenleims Kosmetikpigment und Lavendelblüten einrühren.
8. Die beiden Seifenmassen nacheinander in die vorbereiteten Formen füllen. Wenn gewünscht, mit einem Messer oder Löffelstiel marmorieren.
9. Die Seife mit Frischhaltefolie abdecken, gut wärmedämmend (Handtuch/Decke) einpacken und nach ca. 24 Stunden herausnehmen.
10. Die Seifenstücke – wenn nötig – mit einem Messer mit breiter Klinge in Stücke schneiden und mindestens 4 Wochen an einem trockenen, luftigen Ort reifen lassen.

Salzseifen

Salz in der Seife wirkt leicht entfettend, was sehr hilfreich bei unreiner und fetter Haut sein kann. Außerdem hat Salzseife zusätzlich auch noch einen peelenden Effekt und befreit die Haut nebenbei von abgestorbenen Hautschüppchen. Wem das zu viel des Guten ist, der setzt einfach eine Salz-Sole an (siehe unten) und stellt damit eine etwas sanftere Seife her, die in ihrer Wirkung der Salzseife in nichts nachsteht. Seifen mit Salz sollten auf Grund ihrer die Haut etwas austrocknenden Wirkung immer stärker als andere Seifen überfettet werden (12% und mehr). Auch ist es empfehlenswert, eine Salz- oder Soleseife in Einzelförmchen zu gießen, da sie sich kaum schneiden lässt, ohne zu zerbrechen.

Salz-Soleseife

Eine leicht entfettende Seife ohne Duft (12% überfettet), hilfreich bei Problemhaut – eine tolle „Kopf-bis-Fuß“-Seife! Die Rezeptur ergibt ca. 600 g Seife (Frischgewicht).

Zutaten

200 g Olivenöl
90 g Mangobutter
80 g Sheabutter
60 g Kokosöl
20 g Traubenkernöl
20 g Rizinusöl
156 g destilliertes Wasser
45 g Salz
57 g NaOH

1. Als erstes die Sole herstellen. Dazu das Salz sorgfältig im heißen Wasser auflösen.
2. Aus der erkalteten Salz-Sole und NaOH unter Beachtung der Sicherheitsregeln die Lauge herstellen und abkühlen lassen.
3. Mangobutter, Sheabutter und Kokosöl bei kleiner Hitze schmelzen.
4. Olivenöl, Traubenkernöl und Rizinusöl dazugeben und auf 35 - 45°C abkühlen lassen.
5. Sobald die Lauge und die Öl-Fett-Mischung die angegebene Temperatur haben, die Lauge vorsichtig zum Öl gießen und mit dem Kochlöffel umrühren.
6. Dann die Mischung mit Stabmixer und Kochlöffel zum Andicken bringen.
7. Die Masse in die vorbereiteten Einzelförmchen gießen und mit Frischhaltefolie abdecken.
8. Die Seife nach ca. 24 Stunden aus den Förmchen nehmen und mindestens 4 Wochen an einem trockenen, luftigen Ort reifen lassen.

Salzseife mit Zitrone und Salbei

Eine tolle „Sommerseife“ (12% überfettet), desodorierend und erfrischend, mit leichtem Peeling-Effekt. Die Rezeptur ergibt ca. 1000 g Seife (Frischgewicht).

Zutaten

300 g Olivenöl	*Als extra Pflege-plus 5 - 10 g Nachtkerzenöl zur zusätzlichen Überfettung*
220 g Kokosöl	*300 g Salz oder Meersalz, fein*
29 g Rizinusöl	*6 g ätherisches Salbeiöl*
10 g Avocadoöl, grün	*4 g ätherisches Limettenöl*
186 g destilliertes Wasser	*3 g ätherisches Zitronenöl*
75 g NaOH	*evtl. gelbes und hellgrünes Kosmetikpigment*

1. Aus dem destillierten Wasser und NaOH unter Beachtung der Sicherheitsregeln die Lauge herstellen und auf 35 - 45°C abkühlen lassen.
2. Kokosöl bei niedriger Temperatur schmelzen lassen.
3. Olivenöl, Rizinusöl und Avocadoöl dazugeben und ebenfalls auf 35 - 45°C abkühlen lassen.
4. Sobald die Lauge und die Öl-Fett-Mischung die angegebene Temperatur haben, die Lauge vorsichtig zum Öl gießen und zunächst mit dem Kochlöffel umrühren.
5. Dann die Mischung mit Stabmixer und Kochlöffel zum Andicken bringen.
6. Jetzt das Nachtkerzenöl, das Salz und die ätherischen Öle zugeben. Wenn gewünscht, auch das Kosmetikpigment (ich habe einen „Hauch“ gelb und hellgrün verwendet) zugeben und nochmals gut umrühren.
7. Die Seifenmasse in die vorbereitete Förmchen gießen und mit Frischhaltefolie abdecken.
8. Nach ca. 24 Stunden aus den Förmchen nehmen.
9. Mindestens 6 Wochen an einem trockenen, luftigen Ort reifen lassen.

Milchseifen

Wer Seifen mit besonders cremigen Schaum liebt, sollte sich einmal an einer Milchseife versuchen. Ob man Kuh-, Ziegen-, Schafmilch oder pflanzliche Alternativen verwendet, bleibt dem persönlichen Geschmack überlassen. Es gibt im Fachhandel auch verschiedene Milchpulver, die einfach nach dem Andicken in die Seife gerührt werden. Ich habe hier ein Rezept mit Schafmilch aufgeführt, dieses kann jedoch beliebig mit jeder gewünschten Milch hergestellt werden.

Schafmilchseife

Eine milde Seife (7% überfettet), sehr hautpflegend mit tollem, cremigem Schaum. Die Rezeptur ergibt ca. 1200 g Seife (Frischgewicht).

Zutaten

300 g Kokosöl

225 g Olivenöl

200 g Rapsöl

100 g Kakaobutter

275 g Schafmilch gefroren (oder 200 g Schafmilch und 75 g destilliertes Wasser, wenn es etwas „leichter" sein soll)

117 g NaOH

Eventuell Duftöl oder ätherisches Öl

1. Die Schafmilch mindestens am Vortag in kleine Formen, z.B. Eiswürfelformen füllen und in den Gefrierschrank stellen.
2. Aus der gefrorenen Schafmilch, dem kalten destillierten Wasser und NaOH unter Beachtung der Sicherheitsregeln die Lauge herstellen, auf 35 - 45°C abkühlen lassen.
3. Achtung! Lauge mit Milch wird noch heißer als die übliche Lauge. Den Behälter unbedingt in sehr kaltes Wasser bzw. Eiswasser stellen. Milch-Lauge verströmt einen sehr starken Ammoniakgeruch, der aber während der Reifezeit der Seife wieder vergeht.
4. Kokosöl und Kakaobutter bei kleiner Hitze schmelzen.
5. Olivenöl und Rapsöl hinzugeben, umrühren und auf 35 - 45°C abkühlen lassen.
6. Sobald die Lauge und die Öl-Fett-Mischung die angegebene Temperatur haben, die Lauge vorsichtig (eventuell durch ein Kunststoffsieb) zum Öl gießen und zunächst mit dem Kochlöffel umrühren.
7. Dann die Mischung mit Stabmixer und Kochlöffel zum Andicken bringen, je nach Geschmack ätherisches Öl oder Duftöl zugeben und die Seifenmasse in die vorbereitete Form füllen.
8. Mit Frischhaltefolie abdecken und *nicht* wärmedämmen!
9. Nach ca. 24 Stunden herausnehmen und mit einem Messer mit breiter Klinge in Stücke schneiden.
10. Milchhaltige Seife sollte etwas länger reifen als andere, etwa 8 Wochen.

Aloe-Vera-Gel selbstgemacht

Das Aloe-Vera-Gel in diesem Rezept kann im Bio-Laden gekauft oder online bestellt werden; es selbst zu machen ist aber viel günstiger und geht außerdem recht schnell. Voraussetzung ist (oder sind) natürlich eine (oder mehrere) Aloe-Pflanze(n)!

Ich schneide, um einen Esslöffel voll Gel zu erhalten, ein größeres Blatt meiner Aloe-Vera-Pflanze ab und stelle es für eine Stunde mit der Schnittfläche nach unten in ein gereinigtes Marmeladenglas, damit der bräunliche, aloinhaltige Saft ablaufen kann.

Dann schneide ich an der Schnittstelle etwa einen Zentimeter vom Blatt ab, um Reste des herausgetropften Aloins zu entfernen. Nun entferne ich die äußere Blattschicht mit einem Messer oder Sparschäler und schabe das Gel mit einem Löffel heraus. Ich mixe das Gel gerne noch durch, um eine gleichmäßige Konsistenz zu erhalten. Fertig!

Kokos-Aloe-Milchseife

Eine tolle erfrischende Sommerseife (7% überfettet), durch Kokosmilch extra pflegend. Die Rezeptur ergibt ca. 600 g Seife (Frischgewicht).

Zutaten

175 g Kokosöl
150 g Olivenöl
27 g Rapsöl
22 g Rizinusöl
22 g Sheabutter
13 g Kakaobutter
60 g NaOH
81 g destilliertes Wasser+48 g Kokosmilch, gefroren
1 Esslöffel Aloe Vera Gel
1 Messerspitze Kosmetikpigment, grün (maigrün oder chromoxidgrün)
Duftöl oder ätherisches Öl nach Wahl (ich verwende hier 4 g Limette und 2 g Salbei)

1. Die Kokosmilch mindestens am Vortag in kleine Formen, z.B. Eiswürfelförmchen, füllen und in den Gefrierschrank stellen.
2. Aus der gefrorenen Kokosmilch, dem Wasser und NaOH unter Beachtung der Sicherheitsregeln die Lauge herstellen.
3. Kokosöl bei kleiner Hitze schmelzen, vom Herd nehmen, die Shea- und Kakaobutter dazugeben und in der Restwärme schmelzen.
4. Nacheinander Olivenöl, Rapsöl und Rizinusöl dazugeben, umrühren und auf 35 - 40°C abkühlen lassen.
5. Sobald Lauge und Öl-Fett-Mischung die angegebene Temperatur haben, die Lauge vorsichtig durch ein Kunststoffsieb zum Öl gießen und mit dem Kochlöffel umrühren.
6. Dann die Mischung mit Stabmixer und Kochlöffel zum Andicken bringen.
7. Das Aloe-Vera-Gel und das Duftöl unterrühren und die Masse teilen. Eine Hälfte mit dem grünen Kosmetikpigment färben.
8. Ich habe die beiden Seifenmassen abwechselnd schichtweise in die vorbereitete Form gefüllt und verrührt, natürlich kann man auch nur zwei Schichten gießen, ganz wie es gefällt.
9. Die Form mit Frischhaltefolie abdecken und nicht wärmedämmen. Wie oben bereits beschrieben, wird Lauge mit Pflanzenmilch nicht so heiß wie in Verbindung mit Kuh- oder Schafmilch; die Seife wärmezudämmen ist meines Erachtens aber nicht notwendig.
10. Nach ca. 24 Stunden herausnehmen und mit einem Messer mit breiter Klinge in Stücke schneiden.
11. Mindestens 5 Wochen an einem trockenen, luftigen Ort reifen lassen.

Achtung!

Die mit (Pflanzen-) Milch angerührte Lauge dickt während des Abkühlens an, einfach ab und zu umrühren, um sie wieder zu verflüssigen. Im Gegensatz zu Lauge aus tierischer Milch wird Lauge aus pflanzlicher Milch nicht ganz so heiß. Trotzdem ist es gut, das Laugengefäß in sehr kaltes Wasser oder Eiswasser stellen, erst dann das NaOH vorsichtig einrühren!

Dies und Das –
Noch mehr Pflege- und Duftseifen

Die Seifenrezepte auf den folgenden Seiten sind für keinen bestimmten Zweck entwickelt worden, sondern aus der Freude am Seifensieden entstanden. Sie bringen Duft und Pflege beim Duschen oder Händewaschen, peelen nebenbei die Haut oder verwöhnen mit einer ausgesuchten Komposition hautschmeichelnder Öle.

Riesling-Traubenkern-Seife

Eine ausgefallene feine Peelingseife (7% überfettet) für Weinliebhaber, die viel Schaum erzeugt. Die Rezeptur ergibt ca. 1100 g Seife (Frischgewicht).

Zutaten

300 g Olivenöl	*105 g NaOH*
200 g Kokosöl	*Als extra Pflege-plus 2 Esslöffel Traubenkernöl zur zusätzlichen Überfettung*
150 g Rapsöl	*2 - 3 Esslöffel gemahlene Traubenkerne*
70 g Sonnenblumenöl	*1 Messerspitze hellgrünes Kosmetikpigment*
50 g Rizinusöl	*10 g Duftöl oder ätherisches Öl*
257 g Riesling, abgekocht und gekühlt	

1. Aus dem abgekochten und gekühlten Riesling und dem NaOH unter Beachtung der Sicherheitsregeln die Lauge herstellen und auf 35 - 45°C abkühlen lassen.
2. Achtung! Bei Verwendung von Wein oder auch Bier empfiehlt es sich, beim Anrühren der Lauge besonders vorsichtig zu sein und ein größeres Laugengefäß zu benutzen. Das Hydroxid wirklich nur portionsweise zuzugeben und zwischendurch immer etwas warten, bis sich die Schaumbildung etwas beruhigt hat.
3. Kokosöl bei kleiner Hitze schmelzen.
4. Olivenöl, Rapsöl, Sonnenblumenöl und Rizinusöl dazugeben und auf 35 - 45°C abkühlen lassen.
5. Sobald Lauge und Öl-Fett-Mischung die angegebene Temperatur haben, die Lauge vorsichtig zum Öl gießen und zunächst mit dem Kochlöffel umrühren.
6. Dann die Mischung mit Stabmixer und Kochlöffel zum Andicken bringen.
7. Das Traubenkernöl und das ätherische Öl oder Duftöl zugeben und ca. $^{1}/_{3}$ der Masse in einen separaten Becher oder Topf füllen.
8. In diese Masse die gemahlenen Traubenkerne einrühren.
9. Den anderen Teil mit Kosmetikpigment färben und in die vorbereitete Form gießen. Den Seifenleim mit den Traubenkernen darübergeben und die Masse ggf. mit einem Löffel oder Messer marmorieren.
10. Die Form mit Frischhaltefolie abdecken und gut wärmedämmend einpacken.
11. Nach ca. 24 Stunden die Seife herausnehmen und mit einem Messer mit breiter Klinge in Stücke schneiden.
12. Die Seifenstücke mind. 6 Wochen an einem trockenen, luftigen Ort reifen lassen.

Honig-Hafer-Seife

Diese Peelingseife (6% überfettet) mit gutem Schaum ist eine schöne Seife für alle, die Honig lieben. Die Rezeptur ergibt ca. 2200 g Seife (Frischgewicht).

Zutaten

510 g Kokosöl
310 g Olivenöl
238 g Rapsöl
200 g Sonnenblumenöl
170 g Mandelöl
136 g Sheabutter
68 g Bienenwachs
34 g Rizinusöl
229 g NaOH
555 g destilliertes Wasser
2 Teelöffel Honig
3 Esslöffel gemahlene Haferflocken oder Hafermark
ca. 15 g Duftöl, z.B. Honigduft

1. Aus dem destillierten Wasser und dem NaOH unter Beachtung der Sicherheitsregeln die Lauge herstellen und auf 35 - 45°C abkühlen lassen.
2. Bienenwachs, Kokosöl, und Sheabutter bei kleiner Hitze schmelzen, Topf vom Herd nehmen.
3. Olivenöl, Sonnenblumenöl, Rapsöl, Mandelöl und Rizinusöl dazugeben und auf 35 - 45°C abkühlen lassen.
4. Sobald die Lauge und die Öl-Fett-Mischung die angegebene Temperatur haben, die Lauge vorsichtig zum Öl gießen und mit dem Kochlöffel umrühren.
5. Dann die Mischung mit Stabmixer und Kochlöffel zum Andicken bringen.
6. Den Honig und die gemahlenen Haferflocken sowie das Duftöl hinzugeben, gut umrühren und in die vorbereitete Form füllen.
7. Die Form mit Frischhaltefolie abdecken und *nicht* einpacken.
8. Nach ca. 24 Stunden die Seife herausnehmen und mit einem Messer mit breiter Klinge in Stücke schneiden.
9. Die Seifenstücke mindestens 6 Wochen an einem trockenen, luftigen Ort reifen lassen.

Luxus-Seife

Diese luxuriöse Seife (8% überfettet) ist hautschmeichelnd und erzeugt guten Schaum. Die Rezeptur ergibt ca. 1200 g Seife (Frischgewicht).

Zutaten

350 g Olivenöl
300 g Kokosöl
60 g Kakaobutter
60 g Mangobutter
60 g Mandelöl
50 g Rizinusöl
30 g Jojobaöl
306 g destilliertes Wasser
125 g NaOH
Als extra Pflege-plus ca. 5 g Himbeersamenöl zur zusätzlichen Überfettung
2 Esslöffel rosa Tonerde
1 Teelöffel Seidenprotein, flüssig
1 Esslöffel Rosenblüten zerkleinert
5 g ätherisches Geraniumöl
5 g ätherisches Neroliöl
5 g ätherisches Vanilleöl

1. Aus dem destillierten Wasser und dem NaOH unter Beachtung der Sicherheitsregeln die Lauge herstellen und auf 35 - 45°C abkühlen lassen.
2. Kokosöl, Kakaobutter und Mangobutter bei kleiner Hitze schmelzen, Topf vom Herd nehmen.
3. Olivenöl, Mandelöl, Rizinusöl und Jojobaöl dazugeben und auf 35 - 45°C abkühlen lassen.
4. Sobald die Lauge und die Öl-Fett-Mischung die angegebene Temperatur haben, die Lauge vorsichtig zum Öl gießen und mit dem Kochlöffel umrühren.
5. Dann die Mischung mit Stabmixer und Kochlöffel zum Andicken bringen.
6. Nun das Himbeersamenöl, das Seidenprotein und die ätherischen Öle einrühren.
7. Den Seifenleim in zwei Hälften teilen und in eine Hälfte die rosa Tonerde dazu geben.
8. Abb. links: Hier habe ich die Seifenleime abwechselnd in Schichten in die Form gegossen, aber natürlich kann auch, je nach Geschmack, zunächst die eingefärbte Hälfte des Seifenleims und dann die ungefärbte eingefüllt werden.
9. Nun die zerkleinerten Rosenblüten auf den Seifenleim streuen und etwas eindrücken.
10. Die Form mit Frischhaltefolie abdecken und gut wärmedämmend (Handtuch/Decke) einpacken.
11. Nach ca. 24 Stunden die Seife herausnehmen und mit einem Messer mit breiter Klinge in Stücke schneiden.
12. Die Seifenstücke mindestens 6 Wochen an einem trockenen, luftigen Ort reifen lassen.

Hopfen-Hanf-Seife

Eine herb-maskuline Seife (8% überfettet + Hanföl) für alle Körperteile von Kopf bis Fuß (und Bart), besonders pflegend durch Babassuöl und Hanföl.
Die Rezeptur ergibt ca. 900 g Seife (Frischgewicht).

Zutaten

350 g Olivenöl	*1 EL Hanföl*
150 g Kokosöl	*Ev. 1 TL Glycerin, pflanzlich*
60 g Kakaobutter	*3 g ätherisches Öl (Zedernholz)*
50 g Babassuöl	*2 g ätheriches Öl (Zypresse)*
35 g Rizinusöl	*2 g ätherisches Öl (Rosmarin)*
88 g NaOH	*Eventuell Hanfsamen zur Dekoration*
215 g Bier, abgekocht und gekühlt	

1. Aus dem aufgekochten und gekühlten Bier und dem NaOH unter Beachtung der Sicherheitsregeln die Lauge herstellen und abkühlen lassen.
2. ACHTUNG: Da das Hydroxid mit Bier heftiger reagiert und heißer wird als NaOH mit Wasser, das NaOH nur portionsweise und sehr vorsichtig einrühren. Zwischendurch etwas warten, damit sich die Flüssigkeit beruhigen kann!
3. Kokosöl und Kakaobutter bei kleiner Hitze schmelzen.
4. Vom Herd nehmen und Olivenöl, Babassuöl und Rizinusöl dazugeben und auf 35 - 40°C abkühlen lassen.
5. Sobald die Lauge und die Öl-Fett-Mischung die angegebene Temperatur haben, die Lauge vorsichtig zum Öl gießen und zunächst mit dem Kochlöffel umrühren.
6. Die Mischung mit Stabmixer und Kochlöffel zum Andicken bringen.
7. Nun das Hanföl, sowie wenn gewünscht, pflanzliches Glycerin und die ätherischen Öle einrühren und in die vorbereiteten Formen füllen.
8. Die Formen mit Frischhaltefolie abdecken und gut wärmedämmend (Handtuch/Decke) einpacken.
9. Nach ca. 24 Stunden die Seifen aus den Formen nehmen und – wenn nötig – mit einem Messer mit breiter Klinge in Stücke schneiden.
10. Die Seifenstücke mindestens 4 Wochen an einem trockenen, luftigen Ort reifen lassen.

Hanf-Dekoration

Bei der Hopfen&Hanf-Seife im linken Bild habe ich vor dem Einfüllen des Seifenleims etwas Hanfsamen in die Formen gestreut. Das dient in diesem Fall nur zur Dekoration und sieht meines Erachtens sehr hübsch aus. Die Hanfsamen stammen übrigens von aufgegangenen Hanfpflanzen. Die Vögel hatten Hanfsamen aus unserem Vogelfutterhäuschen überall auf die Erde gestreut.

Sanddorn-Orangen-Seife

Eine fruchtige Seife (7% überfettet sowie weitere Fettzugabe durch Sanddornbutter und Sanddornfruchtfleischöl) mit luxuriösem Schaum, besonders pflegend durch Sanddorn.
Die Rezeptur ergibt ca. 1300 g Seife (Frischgewicht).

Zutaten

460 g Olivenöl
396 g Kokosöl
25 g Rapsöl
25 g Rizinusöl
25 g Bienenwachs
132 g NaOH
295 g destilliertes Wasser

Als extra Pflege-plus und für die Optik
3 g Sanddornfruchtfleischöl und
10 g Sanddornbutter zur zusätlichen Überfettung
6 g ätherisches Neroliöl
5 g ätherisches Orangenöl

1. Aus dem Wasser und NaOH unter Beachtung der Sicherheitsregeln die Lauge herstellen und abkühlen lassen.
2. Bienenwachs und Kokosöl bei kleiner Hitze schmelzen.
3. Nacheinander Olivenöl, Rapsöl und Rizinusöl dazugeben, umrühren und auf 35 - 40°C abkühlen lassen.
4. Sobald die Lauge und die Öl-Fett-Mischung die angegebene Temperatur haben, die Lauge vorsichtig zum Öl gießen und zunächst mit dem Kochlöffel umrühren.
5. Zwischendurch die Sanddornbutter in einem hitzebeständigen Becher im Wasserbad bei kleiner Hitze schmelzen, vom Herd nehmen und etwas abkühlen lassen.
6. Nun die Laugen-Öl-Mischung mit Stabmixer und Kochlöffel zum Andicken bringen.
7. In die angedickte Seifenmasse die ätherischen Öle einrühren und die Masse in zwei Hälften teilen.
8. In eine Hälfte die geschmolzene Sanddornbutter sowie das Sanddornfruchtfleischöl einrühren. Es entsteht eine wunderschöne orangefarbene Tönung.
9. Außerdem ist der fruchtige Sanddorn-Duft trotz der ätherischen Öle in der fertigen Seife zu riechen. Wer Sanddorn mag, ist mit dieser Seife sicher sehr glücklich!
10. Die beiden verschiedenfarbigen Seifenleime können abwechselnd in die vorbereitete Form gegossen werden, die Seife sieht aber auch hübsch aus, wenn beide Hälften nacheinander in die Form eingefüllt werden.
11. Die Form mit Frischhaltefolie abdecken und wegen des Bienenwachses nur leicht oder gar nicht wärmedämmend (Handtuch/ Decke) einpacken (siehe Beschreibung Bienenwachs auf Seite 11).
12. Nach ca. 24 Stunden die Seife aus der Form nehmen und mit einem Messer mit breiter Klinge in Stücke schneiden.
13. Die Seifenstücke mindestens 4 Wochen an einem trockenen, luftigen Ort reifen lassen.

Sonne-Afrikas-Seife

Eine gut schäumende, ausgefallene Seife (7% überfettet) mit schöner Optik.
Die Rezeptur ergibt ca. 1200 g Seife (Frischgewicht).

Zutaten

350 g Olivenöl	*121 g NaOH*
240 g Kokosöl	*2 Esslöffel Rhassoulerde*
150 g Sonnenblumenöl	*1 Esslöffel Rosenblütenblätter, getrocknet u. gemahlen*
40 g Kakaobutter	*ca. 1 Esslöffel Paprikapulver*
40 g Sheabutter	*15 g ätherisches Palmarosaöl*
30 g Rizinusöl	*10 g ätherisches Patchouliöl*
25 g Babassuöl	*10 g ätherisches Geraniumöl*
292 g Honeybushtee, kalt	

1. Aus dem Honeybushtee und dem NaOH unter Beachtung der Sicherheitsregeln die Lauge herstellen und abkühlen lassen.
2. Kokosöl, Kakaobutter, Sheabutter und Babassuöl bei kleiner Hitze schmelzen.
3. Olivenöl, Sonnenblumenöl und Rizinusöl dazugeben, umrühren und auf 35 - 40°C abkühlen lassen.
4. Sobald die Lauge und die Öl-Fett-Mischung die angegebene Temperatur haben, die Lauge vorsichtig zum Öl gießen und zunächst mit dem Kochlöffel umrühren.
5. Dann die Mischung mit Stabmixer und Kochlöffel zum Andicken bringen.
6. Nun zuerst die ätherischen Öle unterrühren, damit die ganze Seife gleichmäßig mit Duft vermischt wird.
7. Jetzt etwa die Hälfte der Masse in einen separaten Becher füllen.
8. In die eine Hälfte der Seifenmasse die Rhassoulerde und die gemahlenen Rosenblüten geben und gut unterrühren.
9. Die andere Hälfte in die Form gießen und darauf das Paprikapulver gleichmäßig verteilen.
10. Nun die Rhassoul-Rosenblüten-Seifenmasse auf die Paprikaschicht gießen.
11. Wenn der Seifenbrei noch nicht zu dick ist, entsteht durch das schichtweise Gießen eine sehr interessante Optik!
12. Die Form mit Frischhaltefolie abdecken und gut wärmedämmend (Handtuch/Decke) einpacken.
13. Nach ca. 24 Stunden die Seife herausnehmen und mit einem Messer mit breiter Klinge in Stücke schneiden.
14. Die Seifenstücke mindestens 4 Wochen an einem trockenen, luftigen Ort reifen lassen.
15. Anstelle der Rhassoulerde kann auch Heilerde verwendet werden und statt des Honeybush-Tees den überall erhältlichen Rotbuschtee!

Seifen für alle Lebenslagen

Hier finden sich Seifen für verschiedene Einsatzbereiche. Von der Rasierseife (natürlich für Männer *und* Frauen gleichermaßen benutzbar!) bis zur Gärtnerseife für erdige Hände, hier ist – fast – alles dabei, oder doch zumindest eine kleine Auswahl.

Seife Baby-Baby

Eine cremig-milde, hautberuhigende Seife (7% überfettet), die sehr viel Schaum bringt.
Die Rezeptur ergibt ca. 800 g Seife (Frischgewicht).

Zutaten

275 g Olivenöl

200 g Kokosöl

120 g Mandelöl

198 g Tee aus Rosen- und Ringelblumenblüten

83 g NaOH

Als extra Pflege-plus 20 g Sheabutter zur zusätzlichen Überfettung

1. Aus dem kalten Blütentee und dem NaOH unter Beachtung der Sicherheitsregeln die Lauge herstellen und auf 35 - 45°C abkühlen lassen.
2. Kokosöl bei kleiner Hitze schmelzen, den Topf vom Herd nehmen.
3. Olivenöl und Mandelöl dazugeben und auf 35 - 45°C abkühlen lassen.
4. Die Sheabutter bei niedriger Temperatur in einem kleinen Topf schmelzen.
5. Sobald die Lauge und die Öl-Fett-Mischung die angegebene Temperatur haben, die Lauge vorsichtig zum Öl gießen und mit dem Kochlöffel umrühren.
6. Dann die Mischung mit Stabmixer und Kochlöffel zum Andicken bringen.
7. Nun die geschmolzene Sheabutter sorgfältig unterrühren und die Masse in die vorbereitete Form füllen.
8. Die Form mit Frischhaltefolie abdecken und gut wärmedämmend (Handtuch/Decke) einpacken.
9. Nach ca. 24 Stunden die Seife aus der Form nehmen und – wenn nötig – mit einem Messer mit breiter Klinge schneiden.
10. Die Seifenstücke mindestens 6 Wochen an einem trockenen, luftigen Ort reifen lassen.

Gärtnerseife

Eine sehr stark reinigende Peelingseife (8% überfettet), die entzündungshemmend wirkt.
Die Rezeptur ergibt ca. 1200 g Seife (Frischgewicht).

Zutaten

470 g Olivenöl
330 g Kokosöl
267 g destilliertes Wasser
118 g NaOH
Als extra Pflege-plus 30 g Sheabutter zur zusätzlichen Überfettung

1 Esslöffel Bimssteinpulver
1 Messerspitze blaues Kosmetikpigment
1 Messerspitze grünes Kosmetikpigment
10 g ätherisches Teebaumöl
6 g ätherisches Eukalyptusöl
6 g ätherisches Pfefferminzöl

1. Aus dem destillierten Wasser und dem NaOH unter Beachtung der Sicherheitsregeln die Lauge herstellen und auf 35 - 45°C abkühlen lassen.
2. Kokosöl bei kleiner Hitze schmelzen, Topf vom Herd nehmen.
3. Olivenöl dazugeben und auf 35 - 45°C abkühlen lassen.
4. Die Sheabutter bei niedriger Hitze in einem kleinen Topf schmelzen.
5. Sobald die Lauge und die Öl-Fett-Mischung die angegebene Temperatur haben, die Lauge vorsichtig zum Öl gießen und mit dem Kochlöffel umrühren.
6. Dann die Mischung mit Stabmixer und Kochlöffel zum Andicken bringen.
7. Die geschmolzene Sheabutter sowie das Bimssteinpulver sorgfältig unterrühren und die Masse danach in zwei Hälften teilen.
8. Eine Hälfte im Topf belassen und mit dem blauen Kosmetikpigment einfärben. Das ätherische Eukalyptusöl und das ätherische Pfefferminzöl dazugeben.
9. Den anderen Teil der Seifenmasse in einen Becher füllen, mit dem grünen Kosmetikpigment färben und mit dem ätherischen Teebaumöl mit Duft anreichern.
10. Beide Hälften in die vorbereitete Form füllen, z.B. schichtweise oder marmoriert in eine größere eckige Form oder mit einem Löffel in Einzelförmchen.
11. Abb. links: Hier habe ich für meine Gärtnerseife eine Plexiglas-Talerform aus dem Bastelbedarf verwendet und zusätzlich ein Band eingegossen. Die Formen sind zwar nicht für den Dauergebrauch geeignet, da sie mit der Zeit brüchig werden, aber zum Ausprobieren oder für Seifen, die man nicht so oft herstellt, eignen sie sich ganz hervorragend.
12. Die Form(en) mit Frischhaltefolie abdecken und gut wärmedämmend (Handtuch/Decke) einpacken.
13. Nach ca. 24 Stunden herausnehmen und – wenn nötig – mit einem Messer mit breiter Klinge in Stücke schneiden.
14. Die Seife mindestens 6 Wochen an einem trockenen, luftigen Ort reifen lassen.

Reine-Haut-Seife

Eine fett- und talgabsorbierende Seife (6% überfettet) gegen Hautunreinheiten, die entzündungshemmend wirkt. Die Rezeptur ergibt ca. 800 g Seife (Frischgewicht).

Zutaten

200 g Olivenölauszug (Rosmarin und Thymian)	*173 g destilliertes Wasser*
200 g Kokosöl	*78 g NaOH*
100 g Babassuöl	*Als extra Pflege-plus 10 g Traubenkernöl zur zusätzlichen Überfettung*
20 g Rizinusöl	*1 Esslöffel medizinische Kohle*

1. Mindestens 4 Wochen vorher den Olivenöl-Auszug ansetzen. Dazu jeweils 60 - 70 g Rosmarin und Thymiankraut etwas zerkleinern und in ein Einmachglas füllen. Mit mindestens 200 g Olivenöl übergießen, das Glas verschließen und an einen hellen Ort stellen. Vor Gebrauch die Kräuter abfiltern.
2. Aus dem destillierten Wasser und dem NaOH unter Beachtung der Sicherheitsregeln die Lauge herstellen und abkühlen lassen.
3. Kokosöl und Babassuöl bei niedriger Temperatur schmelzen, Topf vom Herd nehmen.
4. 200 g Olivenöl-Auszug abwiegen und zum Öl in den Topf geben, ebenso das Rizinusöl und alles auf ca. 35 - 45°C abkühlen lassen.
5. Sobald die Lauge und die Öl-Fett-Mischung die angegebene Temperatur haben, die Lauge vorsichtig zum Öl gießen und mit dem Kochlöffel umrühren.
6. Dann die Mischung mit Stabmixer und Kochlöffel zum Andicken bringen.
7. Die medizinische Kohle und das Traubenkernöl zur Seifenmasse geben, noch einmal gut umrühren und in die vorbereitete Form bzw. in Förmchen füllen.
8. Die Form / die Förmchen mit Frischhaltefolie abdecken und gut wärmedämmend (Handtuch/Decke) einpacken.
9. Nach ca. 24 Stunden die Seife aus den Förmchen nehmen. Alternativ den Seifenbarren aus der Form nehmen und mit einem Messer mit breiter Klinge in Stücke schneiden.
10. Die Seifenstücke mindestens 4 Wochen an einem trockenen, luftigen Ort reifen lassen.

Seife „Reine Männersache"

Diese würzig-herbe, erfrischende Seife (7% überfettet) erzeugt einen tollen Schaum.
Die Rezeptur ergibt ca. 1600 g Seife (Frischgewicht).

Zutaten

564 g Olivenöl

396 g Kokosöl

192 g Rapsöl

384 g destilliertes Wasser

162 g NaOH

Als extra Pflege-plus 39 g Avocadobutter zur zusätzlichen Überfettung

1 Esslöffel grüne Tonerde

1 Esslöffel Meersalz, fein

1 - 2 Esslöffel Salbeiblätter, getrocknet und zerkleinert

7 g ätherisches Salbeiöl

7 g ätherisches Rosmarinöl

5 g ätherisches Wacholderöl

1. Aus dem destillierten Wasser und dem NaOH unter Beachtung der Sicherheitsregeln die Lauge herstellen und auf 35 - 45°C abkühlen lassen.
2. Kokosöl bei niedriger Temperatur schmelzen, Topf vom Herd nehmen.
3. Olivenöl und Rapsöl dazugeben und auf 35 - 45°C abkühlen lassen.
4. Sobald die Lauge und die Öl-Fett-Mischung die angegebene Temperatur haben, die Lauge vorsichtig zum Öl gießen und mit dem Kochlöffel umrühren.
5. Die Avocadobutter nebenbei in einem kleinen Topf bei kleiner Hitze schmelzen.
6. Die Öl-/Laugenmischung mit Stabmixer und Kochlöffel zum Andicken bringen.
7. Jetzt die geschmolzene Avocadobutter, die grüne Tonerde, das Meersalz, die zerkleinerten Salbeiblätter und die ätherischen Öle zugeben und alles gut unterrühren.
8. Die Seifenmasse in die vorbereitete Form füllen. (Auch hier empfiehlt es sich, wegen des Salzanteiles Einzelförmchen zu verwenden, da sich die Seife nur sehr schwer in Scheiben schneiden lässt, ohne zu bröseln.)
9. Die Förmchen mit Frischhaltefolie abdecken und gut wärmedämmend (Handtuch/Decke) einpacken.
10. Nach ca. 24 Stunden die Seife aus den Förmchen nehmen. Alternativ den Seifenbarren aus der Form nehmen und mit einem Messer mit breiter Klinge in Stücke schneiden.
11. Die Seifenstücke mindestens 6 Wochen an einem trockenen, luftigen Ort reifen lassen.

Rasierseife

Diese feste Rasierseife ist 6% überfettet. Die Rezeptur ergibt ca. 1400 g Seife (Frischgewicht).

Zutaten

400 g Kokosöl	*325 g destilliertes Wasser*
300 g Olivenöl	*144 g NaOH*
125 g Rizinusöl	*2 Esslöffel weiße Tonerde (Kaolin)*
100 g Kakaobutter	*10 g ätherisches Öl oder Duftöl, wenn gewünscht*
50 g Mandelöl	

1. Aus dem destillierten Wasser und dem NaOH unter Beachtung der Sicherheitsregeln die Lauge herstellen und auf 35 - 45°C abkühlen lassen.
2. Kokosöl und Kakaobutter bei niedriger Temperatur schmelzen, Topf vom Herd nehmen.
3. Olivenöl, Rizinusöl und Mandelöl dazugeben und auf 35 - 45°C abkühlen lassen.
4. Sobald die Lauge und die Öl-Fett-Mischung die angegebene Temperatur haben, die Lauge vorsichtig zum Öl gießen und mit dem Kochlöffel umrühren.
5. Die Mischung mit Stabmixer und Kochlöffel zum Andicken bringen.
6. Jetzt die weiße Tonerde und, wenn gewünscht, das ätherische Öl oder Duftöl zugeben und nochmals gut umrühren.
7. Die Seifenmasse in die vorbereitete Form bzw. in Förmchen füllen, mit Frischhaltefolie abdecken und gut wärmedämmend (Handtuch/Decke) einpacken.
8. Nach ca. 24 Stunden die Seife aus den Förmchen bzw. aus der Form nehmen und schneiden.
9. Die Seifenstücke mindestens 6 Wochen an einem trockenen, luftigen Ort reifen lassen.

Seife „Glatte Sache“

Eine glättende Peelingseife (8% überfettet) speziell für die Füße und gegen Hornhaut. Die Rezeptur ergibt ca. 800 g Seife (Frischgewicht).

Zutaten

240 g Olivenöl
175 g Kokosöl
90 g Rapsöl
35 g Babassuöl
76 g NaOH
180 g destilliertes Wasser
2 Teelöffel Mohn gemahlen
1 Teelöffel Bimssteinpulver
1 Messerspitze Kosmetikpigment chromoxidgrün
6 g ätherisches Pfefferminzöl
6 g ätherisches Limettenöl

1. Aus dem NaOH und dem destillierten Wasser unter Beachtung der Sicherheitsregeln die Lauge herstellen und abkühlen lassen.
2. Kokosöl und Babassuöl bei niedriger Temperatur schmelzen, vom Herd nehmen.
3. Nacheinander Olivenöl und Rapsöl dazugeben und auf 35 - 40°C abkühlen lassen. Sobald die Lauge und die Öl-Fett-Mischung die angegebene Temperatur haben, die Lauge vorsichtig zum Öl gießen und zunächst mit dem Kochlöffel umrühren.
4. Dann die Mischung mit Stabmixer und Kochlöffel zum Andicken bringen.
5. Jetzt das Bimssteinpulver, den Mohn, das Farbpigment und die ätherischen Öle einrühren.
6. Die Seifenmasse in die vorbereiteten Förmchen füllen, mit Frischhaltefolie abdecken und gut wärmedämmend (Handtuch/Decke) einpacken.
7. Die Förmchen nach etwa 24 Stunden in das Tiefkühlfach legen. (ca. 2 - 3 Stunden) Die Seife löst sich dann wie von selbst aus der Form!
8. Die Seifenstücke mindestens 4 Wochen an einem trockenen, luftigen Ort reifen lassen.

Für diese Seife ist eine Form ideal, wie auf dem Bild zu sehen ist. Durch die Noppen wird während des Einseifens ein Massage-Effekt erreicht, der die Wirkung der Zutaten in der Seife unterstützt. Sollten Sie keine derartigen Formen finden oder nicht extra kaufen wollen, kann auch z.B. ein flacher Behälter mit Luftpolsterfolie ausgelegt und die Seife dort eingefüllt werden. Die Luftpolsterfolie hat zwar kleinere Noppen, sie ist aber ebenso zweckmäßig!

Hautstraffende Massageseife

Diese Massageseife (7% überfettet) ist vollgepackt mit wertvollen Pflanzenölen zur Hautstraffung und mit anregenden ätherischen Ölen. Die Rezeptur ergibt ca. 1200 g Seife (Frischgewicht).

Zutaten

450 g Olivenöl (oder ein Birkenblätter-Olivenöl-Auszug, siehe Seite 18)
300 g Kokosöl
45 g Sesamöl
30 g Kakaobutter
15 g Weizenkeimöl
118 g NaOH
280 g Birkenblätter-Brennnessel Tee
2 Esslöffel grüne Tonerde
1 Esslöffel Brennnesselpulver
1 Esslöffel Meersalz
5 g ätherisches Limettenöl
5 g ätherisches Wacholderöl
5 g ätherisches Rosmarinöl
3 g ätherisches Citronellaöl

1. Aus dem gut abgekühlten Tee und dem NaOH unter Beachtung der Sicherheitsregeln die Lauge herstellen und abkühlen lassen.
2. Kokosöl und Kakaobutter bei kleiner Hitze schmelzen.
3. Olivenöl, Sesamöl und Weizenkeimöl dazugeben und auf 35 - 40°C abkühlen lassen.
4. Sobald die Lauge und das Öl-Fett-Gemisch die angegebene Temperatur haben, die Lauge vorsichtig zum Öl gießen und zunächst mit dem Kochlöffel umrühren.
5. Dann die Mischung mit Stabmixer und Kochlöffel zum Andicken bringen.
6. Jetzt die Tonerde, das Brennnesselpulver, das Meersalz und die ätherischen Öle zugeben und gut unterrühren.
7. Die Seifenmasse in die vorbereiteten Formen füllen und gut wärmedämmend (Handtuch/Decke) einpacken.
8. Die Förmchen nach etwa 24 Stunden in das Tiefkühlfach legen. (ca. 2 - 3 Stunden) Die Seife löst sich dann wie von selbst aus der Form!
9. Die Seifenstücke mindestens 4 Wochen an einem trockenen, luftigen Ort reifen lassen.

Das Brennnesselpulver in diesem Rezept kommt aus meiner eigenen Werkstatt und ist ganz leicht herzustellen: Getrocknete Brennnesselblätter (rascheltrocken) am besten in einer elektrischen Kaffeemühle fein mahlen. Ich siebe das Ganze dann noch durch ein feinmaschiges Sieb, um wirklich feines Pulver zu erhalten. Brennnesselpulver kann nicht nur in Seife verwendet werden, sondern ist eine wunderbare (kostenlose) Nahrungsergänzung – gerade im Winter. Über Salate gestreut, in Suppen und Smoothies und als Zutat für Salzmischungen ist es eine wahre heimische Superfood-Bombe.

Wenn etwas schiefgeht …

…nicht gleich verzweifeln und die Flinte ins Korn, bzw. den Kochlöffel in die Ecke werfen. Oft – leider nicht immer – ist noch was zu retten.

Die Seife will nicht andicken

Wurden alle Zutaten richtig abgewogen und bleibt die Seife trotzdem flüssig, kann die Ursache ein zu hoher Anteil an „weichen" Ölen (Sonnenblumenöl, Sojaöl, Distelöl) sein. Solch eine Seifenmasse muss mit einem Stabmixer und viel Geduld zum Andicken gebracht werden. Auch die Herstellung einer reinen Olivenölseife, die ebenfalls länger zum Andicken braucht, würde die meisten unter uns ohne den ausdauernden Gebrauch eines Stabmixers zur Verzweiflung treiben …

Löcher oder Punkte, gefüllt mit Flüssigkeit

Sind diese Löcher auf der Schnittseite der Seife sichtbar, handelt es sich mit sehr großer Wahrscheinlichkeit um Natronlauge, die nicht richtig aufgelöst wurde! Unbedingt Handschuhe anziehen, (sollte man beim Schneiden von Seife sowieso tragen!) und die Seife am besten entsorgen.

Kleine Öltröpfchen auf der Seifenoberfläche können von ätherischen Ölen oder einem besonders rückfettenden Öl stammen. Diese sollten nach der Reifezeit verschwunden sein.

Für dieses Problem gibt es nur einen Ort: die Kühltruhe bzw. den Gefrierschrank! Ich gebe meine Seifen – meistens sind Einzelformen davon betroffen – einfach über Nacht in den Gefrierschrank. Nach dem Herausnehmen etwas antauen lassen und das Problem sollte sich erledigt haben.

Bei manchen Formen, wie z.B. Kunststoffrohren, hilft auch das dünne Einpinseln der Innenflächen mit Öl.

Eine weiße Schicht auf der Seife

Keine Panik, das ist Sodaasche. Diese entsteht, wenn die Seife mit zu viel Sauerstoff in Berührung gekommen ist, bevor der Verseifungsprozess abgeschlossen war. Sodaasche ist nur rein optisch ein Problem, die Qualität der Seife leidet in keiner Weise darunter! Ich decke meine Seifenformen nach dem Einfüllen immer mit Frischhaltefolie ab und umgehe somit diesen Ärger.

Die Seife wird ranzig

Für ranzige, schlecht riechende Seife kann es mehrere Ursachen geben. Abgelaufene, schon schlechte Öle, eine zu hohe Überfettung, ein zu hoher Anteil an „weichen", nicht lange haltbaren Ölen (Sonnenblumenöl, Distelöl, Sojaöl) oder falsche Lagerung (zu warm, zu feucht). All diese Punkte können die Ursache dafür sein, dass Ihre sorgfältig hergestellte Seife ranzig wird und dadurch ein Fall für die Tonne. Denn – seien wir ehrlich – wer möchte sich statt mit einer duftenden, pflegenden selbstgemachten Seife mit einem ranzigen Klumpen waschen?

Upps, da ist was schief gegangen. Die weißen Flecken deuten darauf hin ….

5 Für die Wanne

Der letzte Teil dieses Buches ist meinen heimlichen Lieblingen gewidmet, den Badezusätzen. Das heißt nicht, dass ich das Herstellen von Seife weniger mag! Aber so zwischendurch, sozusagen auf die Schnelle, ein paar wunderbare, kleine, duftende Stückchen Badekonfekt oder eine schäumende, brausende Badekugel zu zaubern, ist oft eine willkommene Abwechslung. Außerdem sind diese feinen Kostbarkeiten viel schneller gebrauchsfertig als Seife. Sozusagen ein kleiner Luxus für zwischendurch!

Welche Ausrüstung brauche ich?

Für das Anrühren von Badezusätzen sind einige leere Joghurtbecher, eine Schüssel aus Kunststoff oder Glas, kleine und große Löffel, ein Topf, um z.B. Kakaobutter im Wasserbad zu schmelzen, und natürlich eine grammgenaue Waage ausreichend. Als Dreingabe vielleicht noch Tropf-Pipetten zur einfacheren Dosierung von Farben und vor allem kleine Formen wie Eiswürfelbehälter, teilbare Kunststoffkugeln und alle Förmchen, die man auch für die Seifenherstellung verwenden kann.

Badekonfekt

Die Hauptzutaten für mein Badekonfekt sind Kakaobutter, Natron (d.h. Natriumhydrogencarbonat $NaHCO_3$) sowie Stärke und Zitronensäure. Dazu kommen noch etwas pflegendes Milchpulver, ein Emulgator, eventuell Blüten oder Kräuter, etwas Duft und Farbe – und fertig ist der selbstgemachte Badegenuss! Durch die Kombination von Natron und Zitronensäure sprudelt das Badekonfekt bei Kontakt mit Wasser, ein Umstand, der vor allem Kinder erfreut!

Natron (z.B. „Kaiser-Natron“, „Bullrich Salz“) ist preiswert im Lebensmittelhandel erhältlich. Das feine weiße Pulver neutralisiert Säuren und enthärtet.

Und warum ist in den folgenden Rezepten ein Emulgator aufgeführt? Emulgatoren helfen, zwei nicht miteinander mischbare Flüssigkeiten (wie z.B. Öl und Wasser) zu vermengen. Hier bewirken sie, dass sich das im Badekonfekt enthaltene Öl mit dem Badewasser verbindet. Das bedeutet, die Öltröpfchen schwimmen nicht an der Wasseroberfläche, der hässliche Rand in der Wanne gehört der Geschichte an.

Natürlich steht es jedem frei, einen Emulgator zu verwenden oder nicht, ich persönlich finde es mit Emulgator besser. Ich verwende für sämtliche Rezepte in diesem Buch den pflanzlichen Emulgator Lamecreme (ist im Fachhandel oder Internet erhältlich).

Pflegendes Badekonfekt „Sonnenschein"

Die Rezeptur ergibt ca. 200 g Konfekt bzw. etwa 10 kleine Blüten.

Zutaten
57 g Kakaobutter
57 g Naton (NaHCO3)
40 g Maisstärke
28 g Zitronensäure
5 g Lamecreme
1 Kaffeelöffel Milchpulver
ca. 1 Esslöffel Ringelblumenblüten, getrocknet
4 Tropfen ätherisches Muskatellersalbeiöl
6 Tropfen ätherisches Neroliöl

1. Die Kakaobutter mit der Lamecreme bei kleiner Hitze im Wasserbad schmelzen, von der Herdplatte nehmen.
2. In die bereitgestellten Förmchen (z.B. Eiswürfelformen) jeweils etwas von den Ringelblumenblütenblättern geben.
3. Unter kräftigem Rühren das Natron, die Zitronensäure, die Maisstärke und das Milchpulver zur Kakaobutter geben. Die ätherischen Öle dazutropfen, nochmals umrühren und die Mischung in die Formen füllen.
4. Danach das Badekonfekt für ein paar Stunden in das Gefrierfach stellen, dann lässt es sich problemlos aus den Formen lösen.

Süßes Badekonfekt „Kätzchen"

Die Rezeptur ergibt 200 g bzw. 7 Stücke Konfekt.

Zutaten

37 g Kakaobutter
20 g Mangobutter
57 g Natron (NaHCO3)
40 g Maisstärke
28 g Zitronensäure
5 g Lamecreme
1 Kaffeelöffel Milchpulver
10 Tropfen ätherisches Vanilleöl (ich habe aber auch schon ein Kirsch-Duftöl verwendet)
Wenn gewünscht etwas Lebensmittelfarbe oder Kosmetikpigment

1. Die Kakaobutter mit der Mangobutter und der Lamecreme bei kleiner Hitze im Wasserbad schmelzen, von der Herdplatte nehmen.
2. Unter kräftigem Rühren das Natron, die Zitronensäure, die Maisstärke und das Milchpulver zur Kakaobutter geben. Das ätherische Vanilleöl und eventuell Farbe dazugeben, nochmals umrühren und die Mischung in die Förmchen füllen.
3. Danach das Badekonfekt für ein paar Stunden in das Gefrierfach geben, so lässt es sich problemlos aus den Formen lösen.

Badetabs mit Meersalz

Diese herrlichen kleinen Würfel (oder welche Förmchen Sie auch immer nehmen) sprudeln und schäumen zwar nicht beim Kontakt mit dem Badewasser, dafür sind sie vollgepackt mit Meersalz und Kakaobutter.
Die Bestandteile der Badetabs sind eine Wohltat für gereizte, schuppige und zu sonstigen Problemen neigende Haut! Das ebenfalls in den Tabs enthaltene Natron ($NaHCO_3$) macht die Haut weich und enthärtet nebenbei das Wasser. Als Zugabe streue ich gewöhnlich noch etwas grobes Himalayasalz in die Förmchen.
Die Rezeptur ergibt ca. 260 g Tabs bzw. 4 Stücke.

Zutaten

100 g Meersalz fein
100 g Natron
1 TL Maisstärke
40 g Kakaobutter
5 g Lamecreme
Etwas Himalayasalz grob
Evtl. ätherisches Öl oder Duftöl
z.B. 10 Tropfen ätherisches Sandelholzöl

1. Die Kakaobutter mit der Lamecreme vorsichtig bei kleiner Hitze schmelzen und von der Kochplatte nehmen.
2. Alle restlichen Zutaten sorgfältig einrühren, es entsteht eine dickliche Masse. Wenn gewünscht, ätherisches Öl oder Duftöl zugeben und die Förmchen mit Himalayasalz belegen.
3. Die Masse einfüllen und für ein paar Stunden in das Gefrierfach stellen, damit sich die Tabs besser aus den Förmchen lösen lassen.

Bade-Kugeln

Diese Schaum- und Duftexplosionen bringen Action in die Badewanne! Bei Kindern und Erwachsenen (fast) gleichermaßen beliebt, verbinden Badekugeln Hautpflege mit dem Traum einer Badewanne voll Schaum. Schaumgeber in meinen Rezepten ist SCI (Sodium Cocoyl Isethionate = Natriumcocoylisethionat ist ein Ester von aus Kokosöl gewonnenen langkettigen aliphatischen Carbonsäuren). Dies ist ein ecozertifiziertes, mildes, nichtionisches Tensid, basierend auf Fettsäuren aus Kokosöl (vegan und biologisch hervorragend abbaubar!). Der größte Vorteil von SCI ist der wunderbare, stabile Schaum. Alternativ kann man Zuckertenside verwenden, die Schaummenge und -stabilität ist jedoch nicht vergleichbar.
Ich habe hier Acryl-Kugeln aus dem Bastelbedarf verwendet. Es gibt sie in verschiedenen Größen, meine haben einen Durchmesser von 5 cm. Ebenso gut kann man andere Acryl-Formen wie z.B. Herzen verwenden, das sieht auch besonders hübsch aus! Viel Spaß in der Wanne!

Badekugel Minze-Bergamotte

Die Rezeptur ergibt ca. 150 g bzw. 3 Badekugeln.

Zutaten

50 g Natron (NaHCO3)
25 g Zitronensäure
5 g Maisstärke oder Milchpulver
40 g SCI
10 g Glycerin, pflanzlich
10 g Öl, z.B. Mandelöl, Distelöl...
1 Kaffeelöffel Minzeblätter, getrocknet
10 Tropfen ätherisches Pfefferminzöl
10 Tropfen ätherisches Bergamotteöl
1 Messerspitze Kosmetikpigment grün

1. Natron, Zitronensäure, Milchpulver oder Maisstärke, SCI und getrocknete Minzeblätter in einer Schüssel abwiegen und miteinander vermengen.
2. In einem Becher Glycerin, Öl, Duft und Farbe verrühren.
3. Die flüssige Mischung unter die pulvrige Masse kneten, dabei Gummihandschuhe tragen. Wenn die Masse beim Zusammendrücken in der Hand kompakt bleibt, ist es gut, falls sie noch auseinanderfällt, einfach etwas zusätzliches Glycerin beimengen.
4. Die Masse nun mit Druck in die Acryl-Halbkugeln füllen und die beiden Hälften fest zusammendrücken. Nach ein paar Stunden im Tiefkühlfach lassen sich die Kugeln wunderbar aus den Formen lösen.

Badekugel Lavendel-Mandarine

Die Rezeptur ergibt ca. 150 g bzw. 3 Stück Badekugeln, die entspannend wirken und gerade bei Kindern sehr beliebt sind.

Zutaten

50 g Natron ($NaHCO_3$)
40 g SCI
25 g Zitronensäure
10 g Glycerin
10 g Mandelöl
5 g Milchpulver
10 Tropfen ätherisches Lavendelöl
10 Tropfen ätherisches Mandarinenöl
Evtl. 1 Kaffeelöffel Lavendelblüten, getrocknet

1. Natron, Zitronensäure, Milchpulver oder Maisstärke, SCI und getrocknete Lavendelblüten in einer Schüssel abwiegen und miteinander vermengen.
2. In einem Becher Glycerin, Öl und Duft verrühren.
3. Die flüssige Mischung unter die pulvrige Masse kneten, dabei Gummihandschuhe tragen.
4. Wenn die Masse beim Zusammendrücken in der Hand kompakt bleibt, ist es gut, falls sie noch auseinanderfällt, einfach noch etwas mehr Glycerin beimengen.
5. Die Masse nun mit Druck in die Acryl-Halbkugeln füllen und die beiden Hälften fest zusammendrücken. Nach ein paar Stunden im Tiefkühlfach lassen sich die Kugeln wunderbar aus den Formen lösen.

Badekugel Honigzart

Die Rezeptur ergibt ca. 280 g bzw. 5 - 6 Stück Badekugeln.
In diesem Rezept habe ich statt Milchpulver selbstgemachtes Honigpulver verwendet. Es passt ganz wunderbar zum Honig-Duftöl, gibt der Haut ein extra Pflege-Plus und ist ganz leicht herzustellen, u.z. folgendermaßen. Honigpulver herstellen: 20 g Speisestärke mit 10 g Honig mixen, so dass eine krümelige, etwas klebrige Masse entsteht. Diese auf einem mit Backpapier ausgelegtem Blech verteilen und bei leichter Hitze (ca. 60°C) trocknen. Wenn die Mischung auseinanderfließt, erneut zerkrümeln und weiter trocknen lassen.
Ist das Ganze schön durchgetrocknet, aus dem Backofen nehmen und es auskühlen lassen. Dann in einer Kaffeemühle zu feinem Pulver vermahlen und unbedingt luftdicht verschlossen aufbewahren. Da das Honigpulver bei zu langer Lagerung wieder fest wird, sollte es möglichst immer frisch nach Bedarf hergestellt werden. Aber nun zum Rezept:

Zutaten

100 g Natron ($NaHCO_3$)
50 g Zitronensäure
10 g Honigpulver
80 g SCI
20 g Glycerin pflanzlich
20 g Kokosöl
ca. 20 Tropfen Honig-Duftöl

1. Das Natron, die Zitronensäure, das Honigpulver und das SCI abwiegen und in eine Schüssel sieben. So bleiben eventuell größere Teilchen des Honigpulvers zurück. Alles gut miteinander vermengen.
2. Das Kokosöl im Wasserbad bei kleiner Hitze schmelzen, vom Herd nehmen und etwas abkühlen lassen. In einem Becher Glycerin, Kokosöl und das Duftöl verrühren.
3. Die flüssige Mischung unter die pulvrige kneten, dabei Gummihandschuhe tragen. Wenn die Masse beim Zusammendrücken in der Hand kompakt bleibt, ist es gut, fällt sie noch auseinander, etwas Glycerin beimengen.
4. Die Masse nun mit Druck in die Acryl-Halbkugeln füllen und die beiden Hälften fest zusammendrücken. Nach ein paar Stunden im Tiefkühlfach lassen sich die Kugeln wunderbar aus den Formen lösen.

Wie auf dem Foto zu sehen ist, gebe ich meinen Honigkugeln gerne Bienenwachsstückchen bei. Ich reiße dazu einfach kleine Stückchen von einer Bienenwachs-Platte ab und drücke sie in die noch leere Acryl-Halbkugel. Sieht hübsch aus, oder?

Badewürfel Minze und Orange (ohne Schaum, tensidfrei)

Für alle, die gerne eine sprudelnde, brausende Badekugel herstellen, aber auf Schaum dabei verzichten möchten, ist dieses Rezept ideal. Trotz der Pflegewirkung des in den vorherigen Rezepten verwendeten Schaumgebers SCI (Sodium Cocoyl Isethionate) gibt es natürlich auch Menschen, die bewusst darauf verzichten möchten oder ihre selbstgemachten Badeartikel so einfach wie möglich halten wollen.

Ich habe diese Badewürfel hier also ohne Schaumgeber, dafür aber mit etwas Lebensmittelfarbe hergestellt. Somit sind sie vor allem für Kinder wirklich unbedenklich und trotzdem ein großer Spaß in der Wanne (wie ich selbst anhand meiner jüngsten „Testperson" immer wieder feststellen kann). Die Rezeptur ergibt ca. 445 g bzw. 9 Stück Badekugeln.

Zutaten

240 g Natron ($NaHCO_3$)

120 g Zitronensäure

85 g Kokosöl

1 - 2 Tropfen Lebensmittelfarbe

10 Tropfen Duftöl oder ätherisches Öl, wenn gewünscht. (z.B. 5 Tropfen ätherisches Öl Spearmint und 5 Tropfen ätherisches Öl Orange gemischt.)

1. Das Kokosöl in einem hitzebeständigen Becher im Wasserbad bei kleiner Hitze schmelzen. Natron und Zitronensäure eventuell durchsieben und in eine Schüssel geben. Sobald das Kokosöl geschmolzen ist, vom Herd nehmen und etwas abkühlen lassen.
2. Nun das Kokosöl zur Natron-Zitronensäure-Mischung gießen. Sofern man die Gummihandschuhe noch nicht trägt, zieht man diese jetzt an und verknetet das Ganze zu einer kompakten Masse. Falls die Badekugeln duften sollen, auch das Duftöl bzw. das ätherische Öl mit einarbeiten. Die Masse wird nun in zwei Hälften geteilt, in eine tropft man die Lebensmittelfarbe und verknetet noch einmal gut.
3. Als Förmchen eignen sich alle Kunststoffformen, die fest sind. In diese lässt sich die Badewürfelmasse gut hineindrücken. Die im linken Bild gezeigten Würfel habe ich in elastische Legosteinformen aus Silikon gepresst und es hat gut funktioniert. Wichtig ist, beim Einfüllen genügend Druck auszuüben, damit die Badewürfel fest und kompakt werden und auch eventuell vorhandene Muster der Form gut zu sehen sind.
4. Ich lasse die befüllten Formen meist über Nacht ruhen und stelle sie dann für ein bis zwei Stunden in den Gefrierschrank. So lassen sie sich perfekt aus der Form lösen.

Badeschokolade

Wenn Sie gerne in ein cremiges, luxuriöses und vorzüglich hautpflegendes Bad eintauchen möchten, dann ist eine Badeschokolade das Mittel der Wahl! Man kann sie pur, ohne Duft und Blüten, herstellen oder auch so gehaltvoll, wie in den untenstehenden Rezepten angegeben ist. Der Phantasie sind kaum Grenzen gesetzt! Die Badeschokolade schmilzt im warmen Wasser, sie löst sich auf, ohne zu sprudeln, und erzeugt auch keinen Schaum. Schon alleine deshalb würde ich auf jeden Fall etwas Duft dazugeben, um die verwöhnende Wirkung noch zu steigern.

Badeschokolade „Blütenrausch"

Die Rezeptur ergibt ca. 150 g Badeschokolade.

Zutaten

80 g Kakaobutter

40 g Mangobutter

25 g Lamecreme

1 - 2 Teelöffel Milchpulver

2 EL Rosenblütenblätter, Lavendelblüten, Ringelblumenblütenblätter, getrocknet

20 Tropfen ätherisches Öl oder Duftöl (eine blumige Duftölmischung passt hier gut)

1. Die Formen für die Badeschokolade vorbereiten. Bilder links: Ich habe Schokoladentafel-Formen aus Kunststoff verwendet und die Blütenblätter gemischt hineingestreut.
2. Mangobutter und Lamecreme im Wasserbad bei kleiner Hitze schmelzen, Kakaobutter zugeben, den Topf vom Herd nehmen.
3. Sind alle Komponenten geschmolzen, das Milchpulver und den Duft einrühren, dann in die Form gießen.
4. Die Badeschokolade etwas stocken lassen und dann am besten für etwa 15 - 30 Minuten in das Tiefkühlfach stellen, damit sie sich gut aus der Form lösen lässt.

Badeschokolade Salbei-Wacholder

Die Rezeptur ergibt ca. 150 g Badeschokolade.

Zutaten

80 g Kakaobutter

40 g Mangobutter

25 g Lamecreme

1 - 2 Teelöffel Milchpulver

1 EL Salbeiblätter getrocknet

1 EL Wacholderbeeren getrocknet

10 Tropfen ätherisches Salbeiöl

10 Tropfen ätherisches Wacholderöl

1. Die zerkleinerten Salbeiblätter und die Wacholderbeeren in die Form geben.
2. Mangobutter und Lamecreme im Wasserbad bei kleiner Hitze schmelzen, Kakaobutter zugeben, den Topf vom Herd nehmen.
3. Sind alle Komponenten geschmolzen, das Milchpulver und den Duft einrühren, dann in die Form gießen.
4. Die Badeschokolade etwas stocken lassen und am besten für etwa 15 - 30 Minuten in das Tiefkühlfach stellen, damit sie sich gut aus der Form lösen lässt.

Badesalz

Die Basis für meine Badesalz-Rezepte ist Meersalz, da es am besten entschlackt. Natürlich kann auch Steinsalz oder Himalaya-Salz verwendet werden – je nach persönlicher Vorliebe.
Auch hier sind die Möglichkeiten schier endlos, je nach Duft und Zusätzen wirkt das Badesalz entspannend oder belebend, harmonisierend oder entschlackend. Mit der Zugabe z.B. von etwas Milchpulver wird daraus eine durchaus pflegende Angelegenheit.

Entspannendes Melisse-Lavendel-Badesalz

Rezeptur für ein Glas mit einer Füllmenge von ca. 370 ml.

Zutaten

320 g Meersalz
Ev. 10 g Milchpulver
2 - 3 Esslöffel getrocknete Lavendelblüten
2 Esslöffel getrocknete Zitronenmelisseblätter
15 Tropfen ätherisches Lavendelöl
10 Tropfen ätherisches Melissenöl

1. Alle trockenen Zutaten in einer Schüssel gut miteinander vermengen, dann die ätherischen Öle gut unterrühren und das Badesalz am besten über Nacht auf Küchenpapier ausgebreitet etwas trocknen und ziehen lassen.
2. Am nächsten Tag in ein Glas füllen und fertig!
3. Wem die Blüten- und Kräuterteile im Badewasser nicht so zusagen, füllt das Badesalz einfach in ein Stofftaschentuch, ein Organzasäckchen oder ein Stück Stoff und bindet es oben zu. So lässt sich das Badesalz wunderbar unter den Wasserhahn hängen und die Kräuter bleiben dort, wo sie sein sollen.
4. Für ein Vollbad sind etwa 4 Esslöffel Badesalz ausreichend.

Salze:
oben: Himalaya-Salz, grob; Mitte: Meersalz fein
unten: Meersalz grob

Badesalz „Frühlingswiese“

Wenn im Frühling unsere Wiesen gelb leuchten, würde ich am liebsten jede einzelne Löwenzahnblüte pflücken und zu den verschiedensten Seifen und Badezusätzen verarbeiten. Zum Glück schaffe ich das nicht, und nach kurzer Zeit sind aus den Blüten die filigranen Samenkugeln – bei uns auch „Liachterla“ (von Lichtlein abgeleitet) genannt – entstanden, deren kleine Schirmchen bei Wind in alle Richtungen fliegen und diese äußerst dekorative Heilpflanze verbreiten.
Das Gänseblümchen, so klein und unscheinbar es auch ist, gehört für mich zu den entzückendsten Wiesenblumen. Gänseblümchen im Badewasser haben außerdem eine wohltuende Wirkung bei Muskelschmerzen. Die Rezeptur ergibt ein Glas mit ca. 370 ml Füllmenge.

Zutaten

- *300 g Meersalz*
- *10 g Milchpulver*
- *10 g Kakaobutter, fein gerieben*
- *3 Esslöffel Löwenzahnblüten, getrocknet (nur die gelben Blütenblätter)*
- *2 Esslöffel Gänseblümchenblüten, getrocknet*
- *10 Tropfen ätherisches Mandarinenöl*
- *5 - 8 Tropfen ätherisches Vanilleöl, oder als Alternative Vanille-Duftöl*

1. Alle trockenen Zutaten in einer Schüssel gut miteinander vermengen, dann die ätherischen Öle sorgfältig unterrühren und das Badesalz am besten über Nacht auf Küchenpapier ausgebreitet etwas trocknen und ziehen lassen.
2. Am nächsten Tag in ein Glas füllen und fertig!
3. Wem die Blüten- und Kräuterteile im Badewasser nicht so zusagen, füllt das Badesalz einfach in ein Stofftaschentuch, einen Organzabeutel oder ein Stück Stoff und bindet es oben zu. So lässt es sich wunderbar unter den Wasserhahn hängen und die Kräuter bleiben dort, wo sie sein sollen!

Salz-Peelingwürfel

Zum Abschluss dieses Kapitels bringe ich noch ein kleines, aber feines Frischrezept zum Ausprobieren. Es behandelt die Herstellung von Salz- bzw. Zucker-Peelingwürfeln, die auch in der Dusche oder für ein Fußbad verwendet werden können. Da in diesen Rezepten die Blüten bzw. Kräuter frisch eingearbeitet werden, sind die Peelingwürfelchen nicht unbegrenzt haltbar. Bei kühler Lagerung kann man sie aber schon bis zu zwei Wochen aufbewahren. Die Herstellung ist jedoch so unkompliziert und braucht so wenig Zeit, dass sich die Peelingwürfel leicht immer frisch zusammenmixen lassen. Die Würfel sind auch ideal, wenn man ein schnelles Geschenk braucht und nicht immer auf die obligatorischen Mitbringsel zurückgreifen möchte.
Für die Salz-Peelingwürfel (dieses Rezept ist sehr gut für raue Fußsohlen oder ein vitalisierendes Ganzkörperpeeling geeignet und ergibt ca. 5 Peelingwürfel) werden benötigt:

Zutaten

55 g Meersalz, fein

ca. 30 g Pfefferminzblätter und Zitronenmelisseblätter, gemischt

gut 2 Esslöffel Kokosöl

5 Tropfen ätherisches Melissenöl, wenn gewünscht

5 Tropfen ätherisches Pfefferminzöl

1. Das Kokosöl im Wasserbad bei kleiner Hitze schmelzen.
2. In der Zwischenzeit die Kräuter zusammen mit dem Meersalz in einer elektrischen Kaffeemühle oder einem anderem Zerkleinerer mixen. Wichtig ist, dass die frischen Blätter so fein wie möglich gemahlen werden, da es sonst später beim Gebrauch Kratzer auf der Haut geben könnte!
3. Anschließend die Kräuter-Salz Mischung gut in das geschmolzene Kokosöl rühren, es entsteht eine breiähnliche Masse. Nach Wunsch noch die ätherischen Öle beigeben und in kleine Förmchen (z.B. Eiswürfelformen) füllen. Gut andrücken und für einige Stunden, oder über Nacht in das Tiefkühlfach geben.
4. Die Peelingwürfel sind sofort gebrauchsfertig, das Kokosöl macht das Eincremen nach dem Duschen überflüssig.

Zucker-Rosen-Peelingwürfel

Die zweite Variante habe ich mit Zucker und frischen Rosenblüten zubereitet. Ich verwende das Zucker-Rosen-Peeling gerne unter der Dusche und sogar im Gesicht. Dies bitte aber nur bei unempfindlicher Gesichtshaut – am besten zunächst mit einer kleinen Menge austesten. Für die Zucker-Rosen-Peelingwürfel (ergibt ca. 5 Peelingwürfel) werden benötigt:

Zutaten

55 g Zucker (weißer Kristallzucker oder brauner Rohrohrzucker)

ca. 30 g frische Rosenblütenblätter, am besten pink oder rot.

gut 2 EL Kokosöl

wenn gewünscht 10 Tropfen ätherisches Öl oder Duftöl

1. Das Kokosöl im Wasserbad bei kleiner Hitze schmelzen.
2. In der Zwischenzeit die Rosenblütenblätter und den Zucker in einer elektrischen Kaffeemühle oder einem anderen Zerkleinerer mixen.
3. Anschließend die Blüten-Zuckermasse in das geschmolzene Kokosöl rühren und, falls gewünscht, das ätherische Öl oder Duftöl beigeben und in kleine Förmchen (Eiswürfelformen) füllen, dabei gut andrücken.
4. Einige Stunden oder über Nacht in das Tiefkühlfach stellen und fertig!

Festes Haarshampoo

Da auch die Haare in diesem Buch nicht stiefmütterlich behandelt werden sollen, habe ich im Folgenden einige Rezepte für feste Shampoos aufgeführt. Im Prinzip können die Haare auch mit Seife gewaschen werden, doch wer das schon mal ausprobiert hat, weiß, dass es meistens nicht ohne eine saure Spülung (Essig, Zitronensaft) danach geht. Es gibt natürlich Ausnahmen: wie z.B. mein Mann, der sehr kurze, pflegeleichte Haare hat; er verwendet meine Seifen wirklich von Kopf bis Fuß. Allen Menschen, die längere Haare haben oder so störrische wie ich, seien nachfolgend feste Shampoos empfohlen.
Shampoo-Stücke haben mit selbstgesiedeter Seife nichts gemeinsam, bestehen sie doch zum größten Teil aus einem schaumgebenden Tensid, vermischt mit verschiedenen Pflanzenölen und Wirkstoffen. Die beiden Tenside, die ich hier verwende, sind SCI (Sodium Cocoyl Isethionate – wie schon bei den Badekugeln) und SCS (Sodium Coco Sulfate).
Beide Stoffe werden aus Kokosfett gewonnen, sind feuchtigkeitsspendend, erzeugen wunderbaren, stabilen Schaum und sind für Naturkosmetik zugelassen. Sie versorgen Haut und Haar mit Feuchtigkeit, verfügen über eine ausgezeichnete Reinigungswirkung und sind auch für die Kinder(kopf)haut bestens geeignet. Festes Haarshampoo ist äußerst ergiebig, es reicht wirklich sehr lange und es fallen auch hier keine Kunststoff-Verpackungen an. Die Shampoo-Stücke sollen nur nach Gebrauch gut abtrocknen können – also ebenso wie die handgerührten Seifen.
Jede Menge Gründe also, einmal selbst ein festes Shampoo herzustellen – es ist einfacher als man denkt!

Shampoo für trockenes, widerspenstiges Haar

Für etwa 2 Stücke.

Zutaten

41 g SCI
6 g Mineralwasser oder destilliertes Wasser
3 g Sheabutter
6 g Kokosöl
2 g Seidenprotein
1-2 g ätherisches Öl oder Duftöl nach Wahl

1. Das SCI mit dem Wasser verrühren und bei geringer Hitze unter ständigem Rühren im Wasserbad erwärmen, und zwar so lange, bis eine glatte, gut rührbare Masse entstanden ist.
2. Vom Herd nehmen, die Sheabutter und das Kokosöl dazugeben. Diese in der noch warmen Masse schmelzen lassen und gut verrühren.
3. Nun nur noch das Seidenprotein und das ätherisches Öl bzw. Duftöl dazumischen und in vorbereitete Förmchen füllen. Hier eignen sich am besten feste Kunststoffformen, da man die Masse mit festem Druck in die Form drücken kann. Es funktioniert aber auch mit Silikonformen.
4. Die Shampoo-Stücke nach etwa 24 Stunden aus den Formen lösen, sie sind nun gebrauchsfertig.
5. Für eine Haarwäsche wird das feste Shampoo einige Male über die bereits nassen Haare gerieben. Es bildet sich sofort ein wunderbarer, weicher Schaum. Die Haare wie gewohnt waschen und ausspülen.

Shampoo für fettiges Haar

Ergibt 2 Stücke.

Zutaten

32 g SCI
9 g SCS
14 g destilliertes Wasser oder Mineralwasser
3 g grüne Tonerde
6 g Brennnesselpulver
1 g ätherisches Teebaumöl
1 g ätherisches Limettenöl
1 g ätherisches Rosmarinöl

1. Das SCI und SCS mit dem Wasser verrühren und bei geringer Hitze unter ständigem Rühren im Wasserbad erwärmen, und zwar so lange, bis eine glatte und gut rührbare Masse entstanden ist.
2. Vom Herd nehmen, die Tonerde, das Brennnesselpulver und die ätherischen Öle unterrühren.
3, In die vorbereiteten Förmchen füllen und für ca. 24 Stunden trocknen lassen.
4. Aus den Formen lösen und losschäumen!

Oben links: Shampoo für empfindliche Kopfhaut;
Mitte: Shampoo für trockenes und strapaziertes Haar;
rechts: Shampoo für schnell fettendes Haar

Seidenprotein

ist ein Kosmetikwirkstoff, der wegen seiner feuchtigkeitsspendenden Eigenschaft gerne für die Haut- und Haarpflege verwendet wird. Die Haare erhalten durch die Zugabe von Seidenprotein außerdem einen schönen Glanz.

... festes Haarshampoo schäumt wunderbar.

Shampoo für feines Haar

Ergibt 2 Stücke.

Zutaten

41 g SCI
6 g destilliertes Wasser oder Mineralwasser
6 g Kokosöl
3 g Hanföl
1 g Meersalz
1 g Glycerin, pflanzlich
1 g Squalanöl, pflanzlich
½ Kaffeelöffel rosa Tonerde
Evtl. 2 g ätherisches Lavendelöl

1. Das SCI mit dem Wasser verrühren und im Wasserbad bei geringer Hitze unter ständigem Rühren erwärmen.
2. Sobald eine glatte, gut rührbare Masse entstanden ist, vom Herd nehmen, das Kokosöl einrühren und in der Restwärme schmelzen.
3. Dann das Hanföl, das Meersalz und die rosa Tonerde dazugeben, gut vermengen.
4. Zum Schluss Glycerin, Squalanöl und, wenn gewünscht, ätherisches Öl einrühren.
5. In die vorbereiteten Förmchen füllen und nach ca. 24 Stunden herausnehmen. Fertig!

Squalan, Glycerin, Meersalz ....

Squalan wird aus den Pressrückständen von Olivenöl hergestellt. Es ist ein sehr beliebter Wirkstoff, da es Haut und Haar weich und seidig macht und feuchtigkeitsspendend wirkt. Es ist vor allem für feines Haar zu empfehlen, da es anders als Produkte, die Silikone enthalten, das Haar nicht beschwert.
Glycerin pflanzlich ist eine klare, farb- und geruchlose Flüssigkeit. Glyzerin bindet Feuchtigkeit dort, wo sie gebraucht wird – in der Haut. Deshalb ist es auch ideal für trockene, gereizte Kopfhaut, es dringt in die Hornschicht ein und lässt sich nicht so schnell wieder auswaschen.
Das *Meersalz* in diesem Rezept beruhigt die trockene, irritierte Kopfhaut.

Rohstoffe und Zubehör – wo bekomme ich was?

(ohne Anspruch auf Vollständigkeit)

Deutschland
Manske – Products for cosmetics
www.manske-shop.de

behawe Naturprodukte
www.behawe.com

Dragonspice Naturwaren
www.dragonspice.de

Ätherische Öle:
www. primaveralife.com

Österreich
Kosmetikmacherei (mit Laden)
Laudongasse 4, A – 1080 Wien
www.kosmetikmacherei.at

Kosmetik-Manufaktur
www.kosmetik-manufaktur.at

Schweiz
Armonia GmbH (mit Laden)
Zürcherstr. 27, CH-7320 Sargans
www.armonia-shop.ch

Weitere Bücher im ökobuch Verlag

Anders gärtnern

Permakultur-Elemente im Hausgarten. Ob Kräuterspirale, Krater- bzw. Hochbeet, Kartoffelturm, Wurmfarm oder Erdgewächshaus mit Hühnerstall, bei allem dient die Natur als Vorbild. Mit vielen Anleitungen für einen Hausgarten, in dem die Bereiche harmonisch zusammenwirken und sich gegenseitig fördern. Von Margit Rusch. 96 Seiten, mit vielen farbigen Abbildungen, 15,95 €

Mein kleiner Permakultur-Garten

300 kg Ernte auf 150 m² Fläche mitten in der Stadt. Der Autor Josef Chauffrey beschreibt die Kultivierung eines Reihenhausgartens nach Permakultur-Prinzipien und zeigt, wie sich beachtliche Ernteerfolge an Obst u. Gemüse erzielen lassen. 110 Seiten, mit vielen farbigen Abbildungen, 14,95 €

Das Biogarten-Praxisbuch

Anleitung zum naturgemäßen Gärtnern in Bildern. Hier wird das notwendige Wissen vermittelt, um erfolgreich den Boden zu bestellen und reichhaltig gesundes Obst und Gemüse zu ernten. Susanne Bruns. 224 Seiten, viele Abbildungen, 18,95 €

Permakultur im Hausgarten

Mit diesem Buch gibt der Autor einen Leitfaden an die Hand, wie ein Hausgarten Stück für Stück zum persönlichen und vielseitigen Permakultur-Garten gestaltet oder umgestaltet werden kann. Jonas Gampe. 144 Seiten, mit vielen Abbildungen, 16,95 €

Auf 300 qm Gemüseland

… den Bedarf eines Haushalts ziehen. Wie man auf kleinstem Raum einen Nutzgarten anlegt und erfolgreich bewirtschaftet, können wir von unseren Vorfahren lernen. Mit schnellen, praktischen, alphabetisch geordneten Infos über die wesentlichen Pflanzen, über Anbau- und Arbeitsmethoden. Von Arthur Janson. Neugestalteter Nachdruck der Erstausgabe von 1926. 170 Seiten, 13,95 €

Saatgut aus dem Hausgarten

Nach einer Einführung in die Saatgutgewinnung und in die Praxis der Vermehrung werden die nötigen Hilfsmittel, Ernte, Reinigung und Lagerung der Samen sowie Aussaat und Aufzucht beschrieben. Mit kurzen Pflanzenporträts aller im Hausgarten üblichen Kräuter, Gemüse und Blumen. Von Marlies Ortner. 138 Seiten, mit vielen farbigen Abbildungen, 19,90 €

Trocknen und Dörren mit der Sonne

Bau & Betrieb von Solartrocknern. Ein Buch für alle, die einen funktionstüchtigen Solartrockner kostengünstig selbst bauen möchten, um Obst, Gemüse und Kräuter natürlich und hochwertig haltbar zu machen. Außerdem: Praxis des Trocknens mit vielen Tipps aus langjähriger Erfahrung. Herausgegeben von Claudia Lorenz-Ladener. 96 Seiten, mit vielen farbigen Abbildungen, 13,95 €

Terrassen und Decks aus Holz selbst gebaut

Planungsüberlegungen, sinnvolle Konstruktionen, Materialempfehlungen. Viele Beispiele und Schritt-für-Schritt-Bilder vermitteln das Wissen zum Bau schöner Holzdecks. Von Peter Himmelhuber. 102 Seiten, mit vielen farbigen Abbildungen, 14,95 €

Mein Garten lebt

Vögel, Schmetterlinge, Igel, Wildbienen und andere nützliche Tiere ansiedeln. Mit Bauanleitungen und Gestaltungsideen, um durch Nisthilfen, Schlafquartiere u.ä, Gärten tierfreundlich zu gestalten. Von Peter Himmelhuber. 96 Seiten, mit vielen farbigen Abbildungen, 13,95 €

Natürlich konservieren

Die 250 besten Rezepte, um Gemüse und Obst möglichst naturbelassen haltbar zu machen und ein maximum an Vitaminen, Nährstoffen und Geschmack zu erhalten. Herausgegeben von Terre Vivante. 160 Seiten, mit vielen Abbildungen, 13,90 €

Trockenmauern für den Garten

Bauanleitung & Gestaltungsideen. Ob Sitzplätze oder Hochbeete einzufassen, eine Hangfläche zu terrassieren oder das Grundstück einzugrenzen: Mit einfachen Werkzeugen kann jeder kostengünstig eine schöne und dauerhafte Trockenmauer selbst bauen. Von Jana Spitzer und Reiner Dittrich. 96 Seiten, mit vielen farbigen Abbildungen, 13,95 €

Hütten von Kindern selbst gebaut

Das Buch zeigt schön illustriert, wie Kinder ohne großen Aufwand ihr eigenes kleines Reich erschaffen können, mit Baumaterialien, die fast alle draußen zu finden sind: Spielhäuschen, Kuppelbau, Schlupfwinkel, Beobachtungsversteck. Ab 8 Jahre. Von Louis Espinassous. 58 Seiten, mit vielen Abbildungen, 13,95 €

Kleine Baumhäuser und Hütten

… kinderleicht gebaut. Hier wird gezeigt, wie Baum- und Stelzenhäuser gebaut werden können. Mit Anleitungen für verschiedene Konstruktionen und Bildern von realisierten Beispielen. Von David Stiles. 96 Seiten, mit vielen farbigen Abbildungen, 14,95 €

Holzbacköfen im Garten

Detaillierte Bauanleitungen vom einfachen Lehmofen bis zum gemauerten Brotbackhäuschen. Mit vielen Erfahrungen und Ratschlägen sowie pfiffigen Tipps und Rezepten. Herausgegeben von Claudia Lorenz-Ladener. 138 Seiten, mit vielen Abbildungen, 15,95 €

Gestalten mit Stein im Garten

Pflastern von Wegen, Terrassen und Zufahrten, Anlegen von Treppen und das Errichten von Mauern und Hangbefestigungen, mit Hinweisen zur Materialwahl, zu Aufwand und Kosten, und mit Anregungen für eigenes Schaffen. Von Peter Himmelhuber. 126 Seiten, mit vielen farbigen Abbildungen, 15,95 €

Naturkeller

Grundlagen der Kühllagerung und Anleitungen für Planung und Bau naturgekühlter Lagerräume im Haus und Freiland. Von Claudia Lorenz-Ladener. 140 Seiten, mit vielen Abbildungen, 19,90 €

Gestalten mit Holz im Garten

Bodenbeläge, Holzdecks, Zäune, Rankgerüste, Lauben. Bauanleitungen und Gestaltungsideen für Nützliches und Dekoratives aus Schnittholz und aus grünem Holz. Von Heidi Howcroft. 136 Seiten, mit vielen Abbildungen, 18,95 €

Einfache Lauben und Hütten selbst gebaut

Einfache Paradiese zum Selbstbauen. Bauanleitungen für schnell zu errichtende Behausungen (Tipi, Baumhaus, Kuppelbau, Hogan etc.), sowie für schöne Lauben für den Garten oder die freie Natur. Von Claudia Lorenz-Ladener. 160 Seiten, mit vielen farbigen Abbildungen, 16,95 €

Kleine grüne Archen

Passivsolare Gewächshäuser als Alternative zum transparenten Standard-Gewächshaus. Das Buch zeigt, wie Solargewächshäuser freistehend, angelehnt oder teilweise in der Erde versenkt auch selbst gebaut werden können. Von Claudia Lorenz-Ladener. 128 Seiten, mit vielen farbigen Abbildungen, 22,90 €

Mit Weiden bauen

Anleitungen für Zäune, Laubengänge, Wigwams, Sitzplätze und grüne Kuppeln. Arbeiten mit lebendem Material, aus dem sich viele schöne, nützliche Dinge herstellen lassen.
Von Jon Warnes. 60 Seiten, mit vielen farbigen Abbildungen, 12,95 €

Färben mit Pflanzen

Färbepflanzen - Rezepte - Anwendung. Aufbereitung und Anwendung heimischer Färbepflanzen zum Färben von Wolle und Stoffen werden in zahlreichen Rezepten detailliert beschrieben.
Von Dorit Berger. 96 Seiten, mit vielen farbigen Abbildungen, 14,95 €

Bauen mit Frischholz

Vom Spalier bis zur Laube – frisches grünes Holz ist ein ausgezeichnetes Material, um daraus nützliche Gartenobjekte herzustellen. Mit Schritt-für-Schritt-Anleitungen für Pflanzbehälter, Spaliere, Bänke, Lauben usw. Von Alan und Gill Bridgewater. 80 Seiten, mit vielen Abbildungen, 12,95 €

Essbare Wildpflanzen aus dem Hausgarten

150 Arten: Obst, Kräuter, Gemüse. Wie eine dauerhafte Pflanzenlandschaft aus fruchttragenden Bäumen und Sträuchern, wilden Stauden sowie Kräutern und essbaren Bodendeckern geschaffen werden kann. Mit mehr als 70 Pflanzenporträts essbarer Wildfrüchte, Wildkräuter und Wildgemüse und Tipps zu deren Verwertung. Von Marlies Ortner. 126 Seiten, mit vielen Abbildungen, 15,95 €

Bunte Körbe aus Gräsern und Kräutern

Die Technik des Korbwickelns neu entdeckt. Anleitungen zur Herstellung von bunten Körben durch Wickeln und Vernähen von Strängen aus heimischen Faserpflanzen. Mit vielen Schritt-für-Schritt-Anleitungen. Von Walter Friedl. 96 Seiten, mit vielen farbigen Abbildungen, 17,95 €

Hauserneuerung

Instandsetzen - Modernisieren - Energiesparen - Umbauen: mit Anleitung zur Selbsthilfe. Das Buch beschreibt ausführlich den behutsamen, handwerklich sachgerechten und umweltverträglichen Umgang mit alter Bausubstanz. Von G. Haefele, W. Oed und L. Sabel. 256 Seiten, mit vielen Abbildungen, 28,90 €

Vom Altbau zum Effizienzhaus

Energietechnische Gebäudesanierung in der Praxis: Nachträgliche Wärmedämmung der Gebäudehülle, Fenstererneuerung, sowie Sanierung der Haustechnik einschließlich Lüftung, Heizung, Sanitär und Elektro. Hrsg. von Ingo Gabriel und Heinz Ladener. 200 Seiten, mit vielen farbigen Abbildungen, 36,- €

Praxis: Holzfassaden

Material, Planung, Ausführung. Das Buch zeigt nicht nur die gestalterischen Möglichkeiten moderner Holzfassaden, sondern stellt zahlreiche vorbildliche Beispiele und Detaillösungen mit Ecken, Sockel, Dach- und Fensteranschlüssen vor. Von Ingo Gabriel. 112 Seiten, mit vielen farbigen Abbildungen, 28,- €

Handbuch Lehmbau

Umfassendes Lehrbuch und Nachschlagewerk: Es zeigt Einsatzmöglichkeiten, Eigenschaften und Verarbeitungstechniken des Baustoffes Lehm. Mit Forschungsergebnissen und Beschreibungen ausgeführter Lehmhäuser. Von Gernot Minke. 222 Seiten, mit vielen Abbildungen, 38,- €

Neues Bauen mit Stroh in Europa

Bauen mit großformatigen Quadern aus gepresstem Stroh: gebaute Beispiele, erprobte Bauformen und Konstruktionen, Besonderheiten, neue Projekte und Forschungen. Von H. u. A. Gruber u. H. Santler. 112 Seiten, mit vielen Abbildungen, 14,95 €

Handbuch Strohballenbau

Ein Konstruktions-Handbuch, das Konzeption, Bautechnik und alle Details beschreibt, um aus Strohballen gut gedämmte, dauerhafte Häuser zu bauen. Mit vielen Konstruktionsdetails und Beispielen. Von Gernot Minke und Benjamin Krick. 152 Seiten, mit vielen farbigen Abbildungen, 29,90 €

Das neue Heizen

Umweltfreundlich und wirtschaftlich heizen mit Gas, Holz, Strom und Sonnenenergie. Eine vergleichende Übersicht über moderne Heizungstechniken und deren Einsatz in gut gedämmten Gebäuden. Von M. Schulz u. H. Westkämper. 230 Seiten, mit vielen farbigen Abbildungen, 29,90 €

Regenwasser für Garten und Haus

Ein kompetenter Ratgeber für Planung und Bau von Regenwassersammelanlagen nach dem Stand der Technik: Bemessung, Genehmigung, Speichertanks, Pumpen, Rohrleitungen, Zubehör. Von Karlheinz Böse. 96 Seiten, mit vielen Abbildungen, 16,95 €

Autonome Stromversorgung

Auslegung, Aufbau und Praxis autonomer Stromversorgungsanlagen mit Batteriespeicher für Beleuchtung und für netzferne Handwerks- u. Landwirtschaftsbetriebe. Von Philipp Brückmann und Georg Bopp. 126 Seiten, mit vielen Abbildungen, 18,95 €